ARBEITSGEMEINSCHAFT FÜR FORSCHUNG
DES LANDES NORDRHEIN-WESTFALEN

GEISTESWISSENSCHAFTEN

Sitzung
am 26. Oktober 1955
in Düsseldorf

ARBEITSGEMEINSCHAFT FÜR FORSCHUNG
DES LANDES NORDRHEIN-WESTFALEN

GEISTESWISSENSCHAFTEN

HEFT 52

Hans J. Wolff

Die Rechtsgestalt der Universität

WESTDEUTSCHER VERLAG · KÖLN UND OPLADEN

ISBN 978-3-663-00305-2 ISBN 978-3-663-02218-3 (eBook)
DOI 10.1007/978-3-663-02218-3

Gesamtherstellung: Westdeutscher Verlag

Die Rechtsgestalt der Universität

Prof. Dr. jur. *Hans J. Wolff*, Münster

Gerne habe ich die Anregung unseres Kollegen *Westermann* aufgegriffen, in diesem Kreise über die Rechtsgestalt der Universität zu sprechen. Denn damit kommen Probleme zur Sprache, die uns alle, unabhängig von unserem Fachgebiet, angehen und bewegen, zumal die Fragen des Ob und Wie einer Neuordnung unseres Universitäts-Verfassungs-Rechts vielerorten, namentlich auch an den Universitäten unseres Landes, anstehen. Bei den Erörterungen hierüber wird es oft von den nicht-juristischen Kollegen peinlich empfunden, über die Grundzüge unseres Universitätsunterrichtes nicht hinreichend orientiert zu sein und die Konsequenzen nicht zu übersehen, die die eine oder andere Änderung im Gefolge haben würde. Das ist auch kein Wunder, denn das Universitätsrecht ist so wenig klar und übersichtlich, daß sogar sein Grundproblem, die Rechtsgestalt der Universität selbst, unter den Juristen seit langem kontrovers war und noch ist.

Meinen Versuch einer neuen Problemlösung werde ich auf die Grundfrage des Rechtscharakters der Universität und ihrer Einordnung in unser deutsches Organisationsrecht konzentrieren und hineinstellen in eine kritische Übersicht über die überhaupt möglichen Problemlösungen; dies nicht zuletzt, um die Herren Nicht-Juristen sozusagen „ins Bild zu setzen". Zum Schluß allerdings werde ich noch auf einige Einzelfragen eingehen, die mir besonders wichtig zu sein scheinen. Mir wird dieses etwas kursorische Verfahren dadurch sehr erleichtert, daß der Hamburger Privatdozent Dr. *Werner Thieme* eine aus langjähriger Geschäftsführung des Deutschen Hochschulverbandes erwachsene, sachkundige und gründliche Gesamtdarstellung des deutschen Hochschulrechts in Kürze vorliegen wird [1]. Denn das erspart mir die Erschöpfung des weiten Themas [2]. Auch wegen des

[1] *Werner Thieme:* Das deutsche Hochschulrecht, Berlin u. Köln 1956, ist inzwischen erschienen. Der Herr Verfasser hat mich schon vor der Drucklegung Einsicht nehmen lassen, wofür ich ihm sehr dankbar bin.

[2] Die Besonderheiten des Universitätsrechts der westdeutschen Länder, einzelner Universitäten und der übrigen, gleichgestellten Hochschulen werden im folgenden meist außer Betracht gelassen.

recht umfangreich gewordenen Schrifttums kann ich auf die Angaben *Thiemes* verweisen.

I

Um eine geltende rechtliche Ordnung zu verstehen und erst recht, um sie zu reformieren, muß man eine möglichst zutreffende Vorstellung von den sozialen Gebilden haben, die es rechtlich zu regeln gilt. Denn, wenn auch ein und dasselbe soziale Gebilde in sehr verschiedenen Rechtsformen bestehen kann, so ist ihm doch idR nur eine von den vielen so gemäß, daß es sein Wesen recht entfalten und in der ihm eigenen Weise nützlich für Volk und Menschheit sein kann. So abhängig mithin die geeignete Rechtsform von dem erfaßten Sozialgebilde ist, so prägt doch auch umgekehrt die Rechtsform das Sozialgebilde, weil sie das Verhalten der Menschen maßgeblich beeinflußt. Das zeigt gerade auch die Geschichte und der internationale Vergleich der Universitäten, die in unorganisiertem, lockerem Zusammenschluß, in der Rechtsgestalt des privatrechtlichen Vereins oder in der einer privatrechtlichen Stiftung, die als Genossenschaft wie als sogenannte Körperschaft oder als Anstalt des öffentlichen Rechts betrieben wurden oder noch werden. Jedesmal war oder ist der Rechtsform entsprechend auch ihr Charakter ein anderer; und sogar zwei im groben rechtlich gleich organisierte Universitäten können wegen gewichtiger Besonderheiten ihrer Verfassungen recht verschieden struktuiert sein, können verschieden gut „funktionieren", können sogar je einen anderen „Geist" haben und können eine unterschiedliche Stellung in ihrer Umwelt einnehmen[3]. Bei alledem spielen allerdings die Strukturen eben dieser Umwelt und der lebendigen Traditionen eine sehr bedeutende Rolle, wie ein Vergleich unserer hiesigen Gegenwart mit mittelalterlichen Verhältnissen oder mit denen im Auslande deutlich macht.

Wir müssen uns daher zunächst fragen, was in unserer gegebenen Umwelt angesichts der für uns heute lebendigen Tradition eine Universität eigentlich ist und was von ihr geleistet werden soll. Man hat auf diese Frage sowohl in der Vergangenheit als auch in der Gegenwart eine Menge sehr verschiedener Antworten gegeben[4]: Fachschulung, Berufsvorbildung, Erweckung und Ver-

[3] Davon handelt ausführlich *Abraham Flexner:* Die Universitäten in Amerika, England, Deutschland, 1932.

[4] Vgl. *Thieme,* a. a. O. Einleitung, und die dort Zitierten sowie *Franz Schnabel:* Deutsche Geschichte im neunzehnten Jahrhundert I. Bd., 3. 1947, S. 408–457: *Wilhelm v. Humboldt* und die Reform des Bildungswesens.

tiefung eines Glaubens, einer nationalen Haltung, „Aufklärung“, Erziehung zu politischer Gesinnung oder allgemein zu sogenannter Humanität und Förderung der Wissenschaft durch Forschung und Lehre sind den Universitäten als Zwecke gesetzt worden. Ich halte mit aller Entschiedenheit das letztere für richtig und meine, daß die Universitäten sich am allerwenigsten von opportunistischen Zeitströmungen treiben lassen dürfen, sondern berufen sind, selbst das Steuer unseres Bildungswesens zu führen. Nicht also nur deshalb sind die Universitäten Stätten wissenschaftlicher Forschung und Lehre, weil das so ausdrücklich in § 1 Satz 1 der preußischen Universitätssatzungen von 1923/31 steht und sich – allerdings nur mittelbar – aus dem Grundgesetz (Art. 5 III) und der Verfassung des Landes Nordrhein-Westfalen (Art. 16 I) ergibt. Sondern sie sind es, weil die Universitäten allein als Stätten der Wissenschaftspflege durch Forschung und Lehre von allen anderen Bestrebungen und Einrichtungen verschieden sind, und weil sie als solche notwendig sind. Daß die Menschheit auf eine illusionsfreie Erkenntnis des Wißbaren und der Verfahren zur Beherrschung der Naturkräfte angewiesen ist, brauche ich in diesem Kreise nicht zu begründen. Es kann dies allerdings auch an Stätten reiner Forschung, wie denen der Max-Planck-Gesellschaft, geschehen und durch deren Publikationsorgane verbreitet werden. Diese sind allerdings keine Universitäten, genügen aber auch alleine nicht. Denn sie können nur auf dem Nährboden der Universität bestehen. Woher anders sollten sie ihr Personal nehmen und woher die, die ihre Forschungsergebnisse verstehen und verwerten können? Mit der Forschung alleine ist es also nicht getan, sie bleibt esoterisch und sozial unwirksam, wenn es an Menschen fehlt, die ihre Ergebnisse aufgreifen und anwenden. Umgekehrt ist, wie *Humboldt* und seine Gesinnungsgenossen ganz richtig erkannt haben, wissenschaftliche Bildung notwendig, um Bestes im Interesse des Volkes und der Menschheit zu leisten. Denn Wissenschaft ist ja nichts Weltfernes, sondern hat in allen ihren Zweigen einen mehr oder minder unmittelbaren Bezug zu täglichen Aufgaben des sozialen Lebens, die nur auf Grund methodisch gewonnenen Wissens gemeistert werden können. Eine Fachschulung kann diese Fähigkeit nicht vermitteln, weil und soweit sie nur ein fertiges Wissen nach dem Stande der Forschung zur Zeit ihrer Vermittlung überträgt. Es kommt aber gerade darauf an, daß der Akademiker imstande ist, die täglich *neu* auftretenden Probleme im Sinne der Wissenschaft zu lösen. „Bildung“, erkannte Bridget, die scharfsinnige Köchin *Abraham Flexners,* „Bildung ist, etwas zu können, was man noch nie gemacht hat“. Das ist bekanntlich nur möglich, wenn man die Prinzipien der

Erkenntnis beherrscht und die Erkenntnis-Verfahren anzuwenden versteht. Wahrheits-Erkenntnis, um die es sich hier handelt, ist nun nicht irgendein Konvolut von zutreffenden Urteilen, sondern ist nur möglich im Rahmen eines freilich nie abgeschlossenen Systems einander stützender und bestätigender Einsichten[5]. Deshalb hatten die Reformer vor 150 Jahren schon recht, wenn sie die akademische Bildung auf das Ganze der Wissenschaft bezogen. Man darf darunter nur nicht mehr das Ganze des Wißbaren mit seinen vielen, unübersehbaren fachlichen Verästelungen verstehen, sondern deren Topographie, nämlich die Zugehörigkeit der Äste zu *einem* Baum und der Zweige zum Ast.

Aus diesen – ich möchte meinen – Selbstverständlichkeiten, denen ich vielleicht schon zuviel Worte gewidmet habe[6], ergeben sich etliche für die Universitätsverfassung überaus wichtige Folgerungen.

II

a) Soweit es an der Universität um Wahrheits-Erkenntnis durch Lehrende oder Lernende geht, ist das an und für sich gar kein sozialer Vorgang. Niemand kann anders als mit *seinem* Kopf erkennen und mit den *eigenen* Händen Fertigkeiten erlangen. Diese unaufhebbare Individualität ist ein notwendiger Wesenszug jeder Forschung und jeden Lernens, die sich zwar ihre Themen stellen lassen mögen, aber nur aus eigenster Kraft produzieren können. Dies ist übrigens der wichtigste Grund für die Bedeutung der Personalien einer Universität: Die Professoren, Dozenten und Assistenten sind nicht etwa nach irgendeinem trefflichen Schema ausgebildete fungibele Personen, sondern Individualitäten, die einander ergänzen oder stören.

Auch insofern in den Begriffen des Lehrens und Lernens eine soziale Wechselbeziehung liegt und sogar Wahrheits-Erkenntnis und Wissenschaft stets ein sozialer Vorgang ist wegen der notwendigen systematischen Verknüpfungen und der ständigen Verbesserungen des Systems, die jeden Forscher auf andere angewiesen sein läßt[7] – kann Forschen, Lehren und Lernen

[5] Darüber *Hans J. Wolff:* Begriff und Kriterium der Wahrheit = Gegenwartsprobleme des internationalen Rechts und der Rechtsphilosophie (Festschrift für Rudolf Laun zu seinem siebzigsten Geburtstag) 1953; S. 587–605, bes. S. 600 f.

[6] Wegen alles weiteren zu Begriff, Wesen und Aufgabe der Hochschule sei auf *Thiems* Einleitung zu seinem Hochschulrecht verwiesen.

[7] *H. K. J. Ridders* Mißverständnis, ich behaupte die Existenzmöglichkeit eines denkenden und meinenden Robinson ohne soziale Vergangenheit (in *Neumann, Nipperdey, Scheuner:* Die Grundrechte, II. Bd., 1954, S. 263 Anm. 70 a), wird durch das von mir a. a. O. S. 595 und 602 f Gesagte unzweideutig widerlegt.

dem freien, unorganisierten Spiel der Kräfte überlassen bleiben und ist es ja auch weithin beim Zusammenwirken der Fachgelehrten in aller Welt.

Ein Bedürfnis nach rechtlicher Organisation besteht erst, wenn die Gelehrten von ihrer Forschung und Lehre ganz unsokratisch *leben* wollen, wenn Forschung und wenn Lehre sachlicher Mittel bedürfen, die – vom Hörsaal bis zum Elektronenmikroskop – von einzelnen Beteiligten nicht hinreichend beschafft werden können, und es entsteht ferner, wenn eine Vielzahl von Lernenden in persönliche, unmittelbare Beziehung zu einer Mehrzahl von Lehrenden tritt. Dann schließen sich entweder, wie in Bologna, die Studenten, oder, wie in Paris und im spätmittelalterlichen Deutschland, die Professoren zu einer „Universitas" zusammen. Das genügt aber nicht. Denn auch die so Zusammengeschlossenen sind praktisch außerstande, den sachlichen Bedarf der Hohen Schule aufzubringen. Außerdem bedürfen mindestens die Kleriker zur Ausübung der Lehrtätigkeit kirchlicher Erlaubnis. Und schließlich ist ein Lehrbetrieb im großen Stil stets auch politisch interessant[8]. Deshalb haben sich von jeher die politischen Mächte (Städte, Landesherren, Kirchen oder Staat) der Universitäten angenommen und sie einerseits dotiert und privilegiert, andererseits überwacht.

In rein *privatrechtlichen* Formen – etwa als Verein von Studenten, Dozenten oder Förderern oder als Vertragsverhältnis wie zwischen Studenten und Repetitor – läßt sich also allenfalls eine geisteswissenschaftliche Fachschule (was die Bologner Juristen und die Pariser Theologen-Schule anfangs gewesen sind), nicht aber eine Universität in dem umschriebenen Sinne betreiben.

Möglich ist freilich ein privatrechtlicher Verein oder eine privatrechtliche Stiftung mit dem Zweck, den Finanzbedarf einer Universität ganz oder teilweise aufzubringen, wie das z. B. bei der Hochschule für Welthandel in Wien bzw. bei der Wirtschaftshochschule in Nürnberg der Fall ist. Dann *ist* dieser Verein oder diese Stiftung aber *nicht die* Universität, sondern unterhält sie nur als ihr Bedarfsträger.

b) Die moderne Universität kann aber auch nicht mehr, wie es im Mittelalter noch möglich war und wie *Gerber* es noch Anfang 1933 angenommen hat[9], als eine *Genossenschaft* der Lehrenden oder der Lernenden oder der

[8] Zum Verhältnis von Bildung und Recht vgl. ergänzend *Thieme* S. 205 ff.

[9] *Hans Gerber:* Die Rechtsgestalt der Universität im Zusammenhang des staatlichen Lebens, 1933, S. 19 u. 22, sowie schon *ders.:* Von der Universität als wissenschaftlicher Gemeinde, 1927, S. 11, und *Ernst E. Hirsch:* Vom Geist und Recht der Universität, 1955, S. 19.

Lehrenden *und* Lernenden organisiert sein. Zwar würde sich damit wohl eine staatliche oder kirchliche Beaufsichtigung wie auch eine staatliche oder kirchliche Dotierung vertragen. Aber es ist doch nicht so, daß Lehrende oder Lernende – wie das bei den Genossenschaften der Fall ist – ganz oder überwiegend mit eigenen Mitteln einen gemeinsamen Zweck verfolgen. Gewiß bilden die an einer Universität Lehrenden untereinander und mit den Lernenden eine durch die ferne und hohe Idee der Wahrheit geeinte Gemeinschaft. Sie ist aber weder örtlich gebunden noch eigentlich organisiert. Im übrigen sind – wenn man von dem Zusammenwirken in den Fakultäten, in Senaten und in den Prüfungsämtern absieht, die erst eine Folge der Organisation sind – die Zwecke der Beteiligten verschieden, allenfalls parallel, wie die der Kollegen, oder komplementär wie die von Lehrer und Schülern. Und von „eigenen Mitteln“ kann angesichts der geringen Studiengebühren nur im Hinblick auf die geistigen Mittel die Rede sein. Sie aber sind allenfalls das Objekt, nicht aber das Subjekt der Organisation. – Ob und inwiefern die Universitäten nicht gleichwohl Körperschaften sind, wollen wir erst später prüfen.

c) Denn unserem Gedankengang liegt eine andere Rechtsform näher, die auch historisch die genossenschaftliche abgelöst hat, die sogenannte *Anstalt.* Darunter versteht man ein mit sachlichen und finanziellen Mitteln und Stellen ausgestattetes Glied der staatlichen, kirchlichen oder sonstigen öffentlichen Organisation, auf welches diese als Anstaltsherr ständigen Einfluß zu nehmen vermag. Sie ist selbst eine rechtsfähige oder nicht rechtsfähige öffentlich-rechtliche Organisation (d. h. ein Inbegriff von Zuständigkeitsnormen), die mit ihrem Personal (den Stelleninhabern), ihrem Vermögen und ihren laufenden Haushaltsmitteln der Befriedigung öffentlicher Interessen (dem Staatszwecke, wie *Hans Peters* sagt) zu dienen bestimmt ist. Meist ist eine Anstalt öffentlicher Benutzung – mit oder ohne besondere Zulassung oder gar Zwang – zugänglich. Sie hat aber niemals Mitglieder, obwohl es möglich ist, daß die Benutzer in einem Anstaltsorgan zusammengefaßt oder vertreten sind und damit Einfluß auf die Anstaltsverwaltung erhalten. Beispiel für eine nicht rechtsfähige Anstalt ist eine Schule, für eine rechtsfähige etwa die Landesversicherungsanstalt.

So hatten die absoluten Staaten – z. T. unter Wahrung überlieferter Formen – die Universitäten behandelt. Das entsprach nicht nur ihrer zentralistischen Verwaltungsstruktur, der auch die alte Selbständigkeit der Städte fast ganz zum Opfer gefallen war, sondern auch dem kameralistischen Interesse, das sie an der Ausbildung der staatlichen und kirchlichen Beamten, Richtern,

Lehrer und Ärzte nahmen. Obwohl der Rechtsbegriff der Anstalt erst im 19. Jh. entwickelt worden ist, drücken doch schon §§ 1 u. 2 II 12 des Allgemeinen Landrechts für die Preußischen Staaten diesen Rechtszustand aus, wenn sie die Universitäten, sie den Schulen insofern gleichstellend, als „Veranstaltungen des Staates" bezeichnen, welche „den Unterricht der Jugend in nützlichen Kenntnissen und Wissenschaften zur Absicht haben". Sie dürfen nur mit Genehmigung des Staates errichtet werden. Weder *Humboldt*, noch die preußische Verfassung von 1850, noch eine der Reichsverfassungen haben etwas hieran geändert. Es galt auch zumindest bis zum Inkrafttreten unserer Landesverfassung in Nordrhein-Westfalen, obwohl das ALR in den westlichen Provinzen Preußens niemals ausdrücklich in Geltung gesetzt wurde. Sein 12. Titel wurde wie viele andere mangels sonstiger gesetzlicher Regelung in ganz Preußen gewohnheitsrechtlich angewendet[10]. In den außerpreußischen Ländern war die geschriebene oder gewohnheitsrechtliche Lage nicht anders[10a]. Sogar die kirchlichen Universitäten waren – abgesehen und neben ihrer mittelalterlichen korporativen Verfassung – und sind noch nach c. 1376 § 2 CJC kirchliche Anstalten[11]. So kann man denn auch in den angesehensten Lehrbüchern des Verwaltungsrechts von *Otto Mayer*[12], *Jellinek*[13], *Laforet*[14], *Peters*[15], *Forsthoff*[16] und *Turegg*[17], wie schon in *Wendes* Grundlagen des preußischen Hochschulrechts[18] lesen, die Universitäten seien „Staatsanstalten".

In der Tat eignet sich das Rechtsinstitut der Anstalt für Universitäten, wenn man bedenkt, daß sie angewiesen sind auf die Bereitstellung sehr erheblicher Vermögenswerte an Gelände, Bauten und Apparaten, sowie auf

[10] Dazu *Thieme:* Hochschulrecht S. 25 ff.

[10a] Nach § 1 des österreichischen Hochschul-Organisationsgesetzes vom 13. Juli 1955 (BGBl S. 818 ff.) sind die wissenschaftlichen Hochschulen Anstalten des Bundes mit beschränkter Rechtsfähigkeit bzgl. des Erwerbs von Schenkungen, Erbschaften und Vermächtnissen sowie des Beitritts zu Vereinen, deren Zweck die Förderung von Hochschulaufgaben ist. Nach § 2 nehmen die Hochschulen an der Verwaltung ihrer Angelegenheiten zum Teil in einem staatlichen, zum Teil in einem autonomen Wirkungsbereich teil.

[11] *Joseph Lameyer:* Die juristischen Personen der katholischen Kirche, 1929, S. 107 ff., 187 f.

[12] *Otto Mayer:* Deutsches Verwaltungsrecht II. Bd., 3. 1924, S. 338.

[13] *Walter Jellinek:* Verwaltungsrecht, 3. 1931 u. 1945, S. 521.

[14] *Wilhelm Laforet:* Deutsches Verwaltungsrecht, 1937, S. 197.

[15] *Hans Peters:* Lehrbuch der Verwaltung, 1949, S. 413.

[16] *Ernst Forsthoff:* Lehrbuch des Verwaltungsrechts I. Bd., 6. 1956, S. 421.

[17] *Kurt Egon von Turegg:* Lehrbuch des Verwaltungsrechts, 2. 1954, S. 409.

[18] *Erich Wende:* Grundlagen des preußischen Hochschulrechts, 1930 S. 29.

laufende finanzielle Mittel, z. B. für Bücher und Lebensmittel wie für die Besetzung von Planstellen und für sonstige Personalkosten, die sie selbst nicht im entferntesten aufzubringen vermögen, – daß der Geldgeber ein verständliches und auch berechtigtes Interesse daran hat, die Verwendung der von ihm hergegebenen Mittel – und sei es auch nur im Interesse der Sparsamkeit – laufend zu beeinflussen, und daß der Staat bzw. die Kirche als Anstaltsherr am leichtesten die eigenen, öffentlichen Interessen an der Ausbildung des akademischen Nachwuchses geltend machen kann.

Gerade diese beiden letzteren Gesichtspunkte müssen indessen stutzig machen, seitdem Art. 20 der preußischen Verfassung von 1850 und Art. 142 der Weimarer Reichsverfassung die Wissenschaft und ihre Lehre, Art. 5 Abs. 3 des Grundgesetzes Wissenschaft, Forschung und Lehre für „frei" erklärt haben und Art 16 unserer Landesverfassung von der „Selbstverwaltung" der Universitäten und derjenigen Hochschulen spricht, die ihnen als Stätten der Forschung und Lehre gleichstehen. Diese Bestimmungen waren und sind die Magna Charta der preußischen bzw. (west)deutschen Universitäten [19]. Sie drücken aus, daß die Verfassunggeber als höchste rechtsetzende Autoritäten erkannt haben, was wir eben feststellten, daß nämlich wissenschaftliche Forschung und Lehre als Erforschung und Vermittlung der Wahrheit und der Methoden ihrer Gewinnung einschließlich der Verfahren zur Naturbeherrschung nur durch spontane und insofern autonome menschliche Geistestätigkeit möglich ist, ohne daß sich die Ergebnisse von irgendeiner Seite vorausbestimmen lassen. Und sie drücken aus, daß eine solche freie Wissenschaftspflege im öffentlichen Interesse, aber auch im staatlichen Interesse notwendig ist. Deshalb verzichtet der Staat auf Anordnungen und Eingriffe in diese zentrale Aufgabe und wesentliche Tätigkeit der Universitätsangehörigen, die mithin allen seinen Organen, der Verwaltung, der Regierung und der Gesetzgebung, verfassungskräftig verboten sind. Wie die objektive Rechtsfindung den unabhängigen Richtern, so vertraut er die objektive Wahrheitsfindung den unabhängigen Gelehrten und ihren Schülern an.

Dies aber und auch die in der Landesverfassung zugesicherte Selbstverwaltung verträgt sich schlecht mit einer anstaltlichen Organisation. Gewiß ist es möglich, daß sich der Staat als Anstaltsherr gewisse Selbstbeschränkun-

[19] Vgl. hierzu besonders *Köttgen:* Freiheit der Wissenschaft und Selbstverwaltung der Universität (in *Neumann, Nipperdey, Scheuner:* Die Grundrechte II. Bd., 1954, S. 291–329). *Thieme:* Hochschulrecht 2. Kap., und *Mangoldt-Klein:* Das Bonner Grundgesetz, 2. seit 1955, zu Art. 5 Abs. III.

gen auferlegt. Es bedeutet dies ja, genauer gesehen, nur, daß gewisse, und zwar die i. w. S. „politischen" Staatsorgane die Freiheit der Forschenden, Gefahrenabwehr – beeinträchtigen dürfen. So sind auch die Richter frei von Anweisungen hinsichtlich des Inhalts ihrer Entscheidungen, die Gerichte aber als Inbegriffe ihres sachlichen und persönlichen Bestandes gleichwohl „Anstalten".

Wenn trotzdem die Anstalts-Form für die Universitäten nicht ganz paßt, so deshalb, weil die Forschenden, Lehrenden und Lernenden, indem sie forschen, lehren und lernen, nicht wie die Richter als Funktionäre des Staates irgendwelche staatliche Angelegenheiten wahrnehmen, sondern unter ihrer Lehrenden und Lernenden nicht – auch nicht unter dem Gesichtspunkt der wissenschaftlichen Verantwortung selbständig die Wissenschaft zu fördern und zu verbreiten suchen. Darin liegt ein wesentlicher Unterschied zu den Gerichten. Denn es ist zwar ein unmittelbarer Staatszweck, daß das objektive Recht, also etwas jeweils inhaltlich Bestimmtes verwirklicht werde. Wissenschaftliche Ergebnisse und auch ein konkreter Lehrerfolg sind aber keine möglichen Staatszwecke, deren Erfüllung durch Anstalten charakteristischerweise erstrebt und erreicht wird. Staatszweck ist nur, *daß* die Wissenschaften gepflegt, gelehrt und gelernt werden, nicht aber *wie* sie gepflegt, gelehrt und gelernt werden[20]. Deshalb können zwar die Universitäten Glieder der stattlichen Organisation sein; sie können aber – anders als die kirchlichen Hochschulen – nicht eigentlich staatliche Anstalten sein, weil ihre eigentliche Tätigkeit außerhalb des staatlichen Zuständigkeitsbereichs liegt und der Staat sich nicht etwa nur als Anstaltsherr selbst beschränkt, sondern überhaupt ohnmächtig (also gar kein Anstaltsherr) ist, sofern er Universitäten als Stätten freier Wissenschaftspflege anerkennt.

Dazu kommt noch ein weiterer Grund: Das Grundrecht der Wissenschaftsfreiheit ist „nicht nur ein Freiheitsrecht des einzelnen Hochschullehrers, sondern zugleich eine institutionelle Garantie, das heißt die Gewährleistung einer von staatlicher Einwirkung freien Sphäre der Wissenschaft"[21]. Damit ist auch eine gewisse Freiheit der Universität als einer sozialen Einheit garantiert. Deshalb spricht unsere Landesverfassung – und nicht nur sie – von der „Selbstverwaltung" der Universitäten als dem organisatorischen Korrelat der Selbstverantwortlichkeit der Träger von Forschung und Lehre. Selbstverwaltung aber läßt sich mit anstaltlicher Organisation ebensoschlecht vereinbaren wie Selbstverantwortung.

[20] Das meint wohl auch *Köttgen:* Freiheit der Wissenschaft a. a. O. S. 325 f.
[21] So *Thieme:* Hochschulrecht S. 108.

d) Befriedigt es uns aus solchen und vielleicht noch anderen Gründen nicht recht, die Universität als eine Anstalt aufzufassen, könnte vielleicht eine *Stiftung* die geeignete Rechtsform sein. Denn „die Stiftungsform ist dann angebracht, wenn es sich darum handelt, einen gegebenen festen Vermögenskomplex mit dem Ziele zu verwalten, daß seine Erträgnisse bestimmten Destinatären zugewendet werden“ [22]. In der Tat gab und gibt es Stiftungs-Universitäten, zumal wenn man den Begriff auf ähnliche Institutionen des anglo-amerikanischen Rechts anwenden darf. Der wesentliche Unterschied zwischen einer Stiftung und einer Anstalt besteht nicht so sehr darin, daß die Stiftung nicht nur (und sogar selten) dem öffentlichen Recht, sondern vielmehr darin, daß ihr Träger, der Stifter, von der Stiftung und ihrem Vermögen gewissermaßen abgeschnitten ist. Er hat keinerlei Einfluß mehr auf sein Geschöpf, das allein von seinen eigenen Organen, (denen der Stifter freilich zeit seines Lebens angehören oder in denen er repräsentiert sein kann), „selbst“ verwaltet wird.

Die von *Hatschek*[23] und *Graf*[24] vertretene Deutung der deutschen Universitäten zu Beginn dieses Jahrhunderts als Stiftungen ist freilich von *Hubrich*[25] widerlegt worden; immerhin halte ich die Rechtsform der Stiftung an und für sich für ein geeignetes Universitätsverfassungsprinzip. Sie hat allerdings zwei Nachteile: Das Vermögen, das von privater Seite oder (und) von der öffentlichen Hand für die Universitätsstiftung bereitgestellt wird, muß enorm groß sein. Denn seine *Erträge* müssen ausreichen, um den sehr erheblichen und vermutlich sich steigernden alljährlichen Finanz- und Erneuerungsbedarf der Universität zumindest in der Hauptsache zu decken. Und sie dürfen zudem nicht bei einer Inflation oder ähnlichen wirtschaftlichen Katastrophe dahinschwinden. Immerhin ließe sich daran denken, gelegentlich einer Sozialisierung von Großbetrieben diese u. a. den Universitäten als Pfründe zuzuweisen. Aber dergleichen läßt sich schwerlich verwirklichen und es bliebe dann auch der weitere Nachteil, daß die Verwalter der Stiftung, wenn nicht gar die Manager der Betriebe, die ökonomischen Interessen der Stiftung denen der Wissenschaft vorziehen könnten. Im einen wie im anderen Falle ist zu besorgen, daß sich die Stiftungsuniversität gemach in eine Universitäts-Anstalt verwandelt, quod erat evitatum.

[22] So *Werner Weber:* Artikel „Juristische Personen des öffentlichen Rechts“ im Handwörterbuch der Sozialwissenschaften, 9. Lieferung S. 450.

[23] *Hatschek:* Verwaltungsarchiv 17 (1909) S. 320.

[24] *Graf:* Württembergische Zeitschrift für Rechtspflege und Verwaltung 1912 S. 257.

[25] *Hubrich:* Archiv des öffentlichen Rechts 38 (1918) S. 224 ff.

e) Damit sind die organisatorischen Möglichkeiten jedoch noch nicht erschöpft. Es bleibt noch die Rechtsform einer *Körperschaft des öffentlichen Rechts.* Darunter versteht man ein idR rechtsfähiges, also mittelbares Glied der staatlichen (oder auch kirchlichen) Organisation, das selbst eine von Mitgliedern getragene Organisation mit eigenen Organen und Mitteln zur Befriedigung öffentlicher Interessen ist. Der wesentliche Unterschied zur Anstalt besteht also darin, daß sie von Mitgliedern „getragen" ist. Das heißt, daß Ihre Organe letztlich die gemeinsamen Interessen einer Mehrzahl von Personen wahrzunehmen haben, denen sie verantwortlich sind, und daß diese Personen ihren Willen in dem Haupt-Organ der Körperschaft unmittelbar oder repräsentiert zum Ausdruck bringen können. Die körperschaftliche Verfassung ist mithin demokratisch, wie die eines Vereins, von dem sich die Körperschaft des öffentlichen Rechts jedoch dadurch unterscheidet, daß sie ein Glied der öffentlichen (staatlichen) Organisation zur Wahrnehmung öffentlicher Interessen ist. Körperschaften des öffentlichen Rechts können Genossenschaften sein, nämlich dann, wenn sie mit den öffentlichen Interessen zugleich private Interessen der Mitglieder (z. B. als Grundeigentümer) wahrnehmen. Es gibt aber auch andere Arten von Körperschaften des öffentlichen Rechts und insbesondere auch Personalkörperschaften, die nicht Genossenschaften sind [26]. Die Frage ist, ob die Universitäten als solche anzusehen sind. *Holstein* [27], *Köttgen* [28], *Boehmer* [29], *Hirsch* [30], *Schneider* [31], *Thieme* [32] u. a. haben das getan. Dafür spricht die historische Tatsache, daß die Universitäten jahrhundertelang als „Korporationen" verstanden wurden, spricht § 67 II 12 des Allgemeinen Landrechts für die preußischen Staaten, demzufolge sie „alle Rechte privi-

[26] Die Alternative von „Anstalt" oder „Genossenschaft" (*Arnold Köttgen:* Deutsches Universitätsrecht, 1953, S. 34, *ders.:* Freiheit der Wissenschaft a. a. O. S. 327) ist also ebensowenig schlüssig wie eine Gleichsetzung von Genossenschaft und Körperschaft, s. z. B. oben Anm. 9.

[27] *Günther Holstein:* Hochschule und Staat (Das akademische Deutschland III. Bd., 1930, S. 127).

[28] *Köttgen:* Universitätsrecht, S. 44, 47 f. In „Freiheit der Wissenschaft" a. a. O. S. 326 f vermeidet er eine Klassifizierung und beschränkt sich auf die Feststellung, die Universität sei weder „rechtsfähige Staatsanstalt im landläufigen Sinne" noch „öffentliche Genossenschaft".

[29] *Gustav Boehmer:* Grundlagen der bürgerlichen Rechtsordnung, I. 1950, S. 303.

[30] *Ernst E. Hirsch:* a. a. O. S. 3 ff., 58 ff. u. pass.

[31] *Hans Schneider:* Besprechung von *Forsthoff:* Lehrbuch des Verwaltungsrechts: Neue Juristische Wochenschrift 1954, S. 751.

[32] *Thieme:* Hochschulrecht I 4 IV.

legierter Korporationen haben"[33], spricht § 2 der preußischen Universitätssatzungen von 1923/31, der ihnen „die Rechte einer Körperschaft des öffentlichen Rechts" zubilligt, und sprechen gewisse Hochschulgesetze und Universitätsverfassungen, die sie ausdrücklich als „Körperschaft des öffentlichen Rechts" bezeichnen[34]. Vor allem wird es erhärtet durch die gegebenen Verfassungen aller deutschen Universitäten. Danach sind sie sämtlich staatlicher Aufsicht unterstehende, rechtsfähige körperschaftliche Organisationen. Ihre Organe – Großer Senat, Rektor, Engere Fakultäten, Kleiner Senat, etwaiger Verwaltungsausschuß – werden von den Professoren und Dozenten als Trägern gemeinsamer, nicht-privater Interessen an wissenschaftlicher Forschung und Lehre gebildet. Sie haben die Aufgabe, eben diese gemeinsamen Interessen der Mitglieder, zu denen insofern auch die Studenten gehören, zu pflegen. Daß dies geschehe, entspricht zugleich dem bereits erwähnten staatlichen öffentlichen Interesse an der Wissenschaftspflege. Durch die selbständige körperschaftliche Organisation der Universität ist aber die Wissenschaftspflege klar und deutlich abgesetzt von der unmittelbaren Staatsverwaltung. Sie ist vielmehr der Selbstverwaltung derjenigen anvertraut, die forschen und lehren. So ist die Freiheit von Wissenschaft, Forschung und Lehre an der Universität organisatorisch ermöglicht. Andererseits forscht und lehrt die Universität nicht selbst durch ihre Organe. Das bleibt vielmehr den Gelehrten und ihren Schülern überlassen. Die Universität als Körperschaft bemüht sich vielmehr um einen in unserem bisherigen Gedankengang noch nicht erwähnten Zwischenbereich der Wissenschaftspflege, den ich in Unterschied von Forschung Lehre einerseits und von den dazu erforderlichen Mitteln andererseits den „Forschungs- und Lehr*betrieb*" nennen möchte. Zu ihm gehören in erster Linie die Selbstergänzung der Körperschaft und sodann die über-individuellen Angelegenheiten der Forschung und Lehre, wie Promotionen und Habilitationen, Studien- und Hörsaalordnungen, sowie die Repräsentation

[33] Die Gründe, die *Thieme:* Hochschulrecht S. 103 f. dafür anführt, daß § 67 II 12 ALR dahin zu verstehen sei, daß die Universitäten „privilegierte Korporationen im Sinne des prALR *sind*", haben mich nicht überzeugt. Auch Dorfgemeinden, Stadtgemeinden, Zünfte u. ä. waren im absoluten Staat nicht Korporationen, sondern hatten nur korporative Rechte. Es trifft auch nicht zu, daß die Universiäten „inmitten der anderen Korporaionen abgehandelt werden". Vielmehr werden sie zusammen mit den Schulen behandelt, die zweifellos nicht Korporationen, sondern Anstalten waren und sind. In den folgenden Titeln ist von den Rechten und Pflichten des Staates die Rede. Schließlich besagen die Materialien zum ARL nichts, weil sie sich auf einen Text beziehen, nach dem Universitäten Korporationen sein sollten. Genau das ist aber nicht Gesetz geworden.

[34] So das Hamburger Hochschulgesetz in § 5, die Verfassung der Freien Universität Berlin in § 1, die der Universitäten Heidelberg (§ 5), München (§ 2) und Mainz sowie die der Technischen Hochschule Karlruhe (§ 2).

der Universität nach außen und insbesondere die Sorge dafür, daß frei geforscht, gelehrt und gelernt werden kann.

Diese Universitäts-Körperschaft ist wieder in sich gegliedert, und zwar vertikal in die Fakultäten mit ihren Lehrern und Studenten, die selbst nichtrechstfähige Körperschaften bilden, sowie (horizontal) in die Dozentenschaft und in die Studentenschaft, die in Berlin eine rechtsfähige, sonst eine nichtrechtsfähige Körperschaft bildet[34a].

Trotz der sich hieraus ergebenden hervorragenden Eignung körperschaftlicher Verfassung für die Universitäten, bestehen jedoch m. E. gewichtige Bedenken gegen ihre konsequente Durchführung. Sie ergeben sich aus der Tatsache, daß Forschung und Lehre sehr erheblicher Geld- und Sachmittel bedürfen, die der Universität von außen zufließen und sachverständig verwaltet werden müssen[35]. Daraus folgt nämlich zunächst, daß – anders als typischerweise bei Körperschaften – Vermögenswerte der Mitglieder oder der Universität selbst nicht auf dem Spiele stehen. Soweit sie, wie an manchen Hochschulen, alljährlich vom Staate zur Verfügung gestellt werden, verwalten die Universitätsorgane also fremde Mittel, die nicht von ihnen selbst aufgebracht werden. Die Universität kann insofern also keine selbständige Körperschaft sein. Ihre Selbstverwaltung ist insofern Verwaltung von etwas Fremdem für eigene Zwecke. Dadurch wird die Körperschaftlichkeit ebenso wie die Selbstverwaltung denaturiert. Es paßt nicht zu diesen Formen. Denn es führt zu einer notwendigen Abhängigkeit der Körperschaftsorgane von außerkörperschaftlichen Mächten und verfälscht den Selbstverwaltungsgedanken stärker noch als bei den finanziell unselbständigen Gemeinden, die wenigstens einige Steuern selbst beschließen können.

Es hat noch die weitere Folge, daß eben jene Körperschaftsorgane sich mit Angelegenheiten der Vermögens-, Stellen-, Sachmittel- und Geldverwaltung befassen müssen. Denn auch wenn sich die Körperschaft Verwaltungsbeamte zu diesem Zweck verpflichtet, bleibt doch deren Leitung und Beaufsichtigung und bleibt die Verantwortung bei den körperschaftlichen Organen (Rektor und Senat oder Verwaltungsausschuß). Ich will nun gewiß nicht behaupten, daß es an den Universitäten nicht Professoren gibt, die derartige Verwaltungsgeschäfte gut besorgen können. Aber, abgesehen davon, daß dann die Last der vielfältigen Verwaltungsgeschäfte

[34a] Das österreichische Hochschülerschaftsgesetz von 1950 (BGBl Nr. 174) hat alle ordentlichen Hörer und Hörerinnen österreichischer Staatsangehörigkeit sämtlicher österreichischer Hochschulen zu *einer* Körperschaft des öffentlichen Rechts mit Selbstverwaltungsrecht zusammengefaßt.

[35] Hierzu ausführlicher *Thieme:* Hochschulrecht S. 91 ff.

letztlich auf einigen wenigen Schultern ruhen würde, sind sie doch alle deshalb Professoren, weil sie zu forschen und zu lehren verstehen, was vielleicht nicht so viele können wie zu verwalten. Verwalten ist jedenfalls etwas anderes und heutzutage durchaus nicht etwas, was jeder verständige Hausvater kann. Es ist also eine Verschwendung der eigentümlichen Kräfte der Universität, wenn ihre Mitglieder, mehr als ohnehin schon unvermeidlich, zu Verwaltungsaufgaben herangezogen werden; und noch dazu zu solchen, die andere vermutlich besser machen können.

Damit hängt ein Letztes zusammen: Die Angewiesenheit der Forschung und Lehre auf sachliche und persönliche Mittel hat selbstverständlich eine Abhängigkeit des Forschers und Lehrers von demjenigen im Gefolge, der über diese Mittel verfügt. Die Frage ist also, ob vorzuziehen ist eine solche Abhängigkeit von Kollegen als Waltern der Universitätsorgane oder von anderen Personen. Für das erstere mag sprechen, daß die Universitätsorgane zur Wissenschaftspflege da sind und davon etwas verstehen. Das stimmt aber nicht ganz. Denn die Universitätsorgane haben als Körperschaftsorgane nur die allen Mitgliedern der Körperschaft gemeinsamen Angelegenheiten wahrzunehmen. Die Dotierung der einzelnen Forscher mit den von ihnen benötigten Mitteln in konkreto ist aber keine gemeinsame Angelegenheit aller, sondern eine individuelle des jeweiligen Fachs, von dem durchaus nicht alle Kollegen etwas verstehen. Sie sind insofern sogar Konkurrenten mit konträren Interessen. Von gemeinsamem Interesse ist nur, daß sie alle und daß mithin jeder Forschungs- und Lehrmöglichkeit haben.

Andererseits ist es durchaus nicht ausgeschlossen, daß ein Unbeteiligter die Interessen verschiedener Forscher an sachlichen und persönlichen Bedürfnissen einzusehen und abzuschätzen versteht. Unbeteiligt sachverständig in diesem Sinne zu sein, die beteiligten Eigeninteressen zu koordinieren und auch die ihm zu besonderer Pflege anvertrauten Gesamtinteressen sowohl mit den finanziellen als auch mit den politischen Interessen des Staates in Harmonie zu halten, ist gerade die besondere Fähigkeit des Verwaltungsbeamten. Dieser muß freilich nicht Staatsbeamter sein. Er könnte auch Funktionär anderer sozialer oder politischer Mächte sein, denen ich meinerseits aber die Universitäten noch weit weniger gerne ausgeliefert sehen möchte, als dem „Moloch Staat", der viel mehr und wirksamer als andere an Recht und Verfassung gebunden ist.

f) Will man diese Nachteile der körperschaftlichen Organisation der Universität ebenso vermeiden wie die der anstaltlichen nutzen, dann muß man die Vorteile beider miteinander verbinden. Das geht allerdings nicht so, wie es in §§ 1 und 67 II 12 ALR und in dem darauf beruhenden § 2 der preußischen Universitätssatzungen von 1923/31 geschehen ist. Eine Veranstaltung des Staates i. S. v. Staatsanstalt, die zugleich die Rechte einer Körperschaft des öffentlichen Rechts hat, kann es nämlich nicht geben. Eine Anstalt mit Rechten einer Körperschaft ist keine Anstalt mehr (so wenig wie ein Esel ein Kamel ist). Beides sind Rechtsformen, die einander ausschließen. Es wäre auch nichts gewonnen, wenn man ganz unscharf sagt, die Universität sei eine Anstalt mit körperschaftlichem, oder eine Körperschaft mit anstaltlichem Einschlag oder gar Charakter[36].

Möglich ist jedoch, daß „die Universität" ein mixtum compositum ist, deren Verfassung zwei verschiedene Organisationen, eine anstaltliche und eine körperschaftliche miteinander verbindet[37]. Auf diese Möglichkeit hat bereits *Köttgen* hingewiesen, ohne ihr aber näher nachzugehen[38]. Tut man das, so ergibt sich m. E. folgendes:

1. Der Staat errichtet und unterhält (möglicherweise zusammen mit einer Stadtgemeinde oder einem anderen Rechtsträger) eine nicht-rechtsfähige Anstalt des öffentlichen Rechts mit der Aufgabe, an einem bestimmten Ort die freie wissenschaftliche Forschung und Lehre mit den erforderlichen persönlichen und sachlichen Mitteln zu versehen. Dabei behält er sich als Anstaltsherr sowohl die Zuteilung der haushaltsmäßig zweckgebundenen Mittel und Stellen, als auch die Berufung der beamteten Forscher und Lehrer vor, ist diesbezüglich aber minimal durch die verfassungsmäßig gewollte Ermöglichung von wissenschaftlicher Forschung und Lehre gebunden. Denn den Rechten der Universitätskörperschaft auf Freiheit der Forschung und Lehre entspricht die verfassungsmäßige Pflicht der Staatsorgane, die freie

[36] Dies gegen *Otto von Gierke:* Die Genossenschaftstheorie und die deutsche Rechtsprechung, 1887, S. 671, und *ders.:* Deutsches Privatrecht, I. Bd. 1895, S. 474.

[37] So auch *Werner Weber:* Die Rechtsstellung des deutschen Hochschullehrers, 1952, S. 11, der von einem „Doppelwesen Staatsanstalt und wissenschaftlicher Personalkörperschaft" spricht, ohne das näher auszuführen. – Der Verwaltungsgerichtshof zu Freiburg i. Br. kommt in seinem Urteil vom 12. 9. 1955 (Juristenzeitung 1956 S. 18–26) nach Untersuchung der Rechtsgeschichte der Universität Freiburg zu dem Ergebnis, „daß die korporative alte Grundordnung der deutschen Universitäten noch lebt, daß aber das Universitätsrecht durch die anstaltsrechtliche Ausgestaltung, die es im 19. und 20. Jahrhundert erfahren hat, noch von einem zweiten Rechtskreis erfaßt wird, und zwar vom Anstaltsrecht, wobei sich die Rechtskreise zum Teil überschneiden. Praktisch kommt den Universitäten nur noch ein Teil ihres ursprünglichen Wirkungskreises kraft Korporationsrecht zu, während ein anderer Teil des ehemaligen korporativen Wirkungskreises von den Universitäten heute funktionell als übertragener Wirkungskreis auf anstaltsrechtlicher Grundlage ausgeübt wird". So „gelten im derzeitigen Universitätsrecht Korporations- und Anstaltsrecht nebeneinander".

[38] *Köttgen:* Universitätsrecht S. 34.

Forschung und Lehre durch die Bereitstellung der erforderlichen Mittel zu ermöglichen und sogar zu fördern.

2. Die zur Forschung und Lehre berufenen Stelleninhaber dieser Anstalt bilden zusammen mit den Habilitierten, den Honorarprofessoren, den Ehrenbürgern, den Ehrensenatoren[39] und den vom Rektor immatrikulierten Studenten eine rechtsfähige Körperschaft des öffentlichen Rechts als deren Mitglieder. Sie und die der Körperschaft nicht als Mitglieder angehörenden Lehrbeauftragten, Lektoren, technischen und Sportlehrer sowie die Gasthörer sind zugleich Benutzer der staatlichen Universitätsanstalt. „Die Universität" – auch i. S. d. Art. 16 nwVf – aber ist jene Körperschaft.

Es ist also richtig, wenn gesagt wird, die Universität sei eine Körperschaft des öffentlichen Rechts, und es ist gleichwohl nicht falsch, wenn gesagt wird, sie sei eine Staatsanstalt. Beides ist aber unvollständig und daher je für sich unrichtig. Trotzdem, ja schon deshalb stehen die Universitäten nicht, wie *Köttgen* meint, „jenseits regulärer verwaltungsrechtlicher Systematik"[40]. Die Besonderheit der Universitätsverfassung liegt nämlich nur darin, daß die Bedarfsverwaltung (Intendantur) der Universitätskörperschaft ganz oder teilweise nicht Organen der Körperschaft, sondern einer von ihnen weisungsunabhängigen Staatsanstalt obliegt. Am deutlichsten ist dies bei der z. B. in Münster fortgeltenden preußischen und bei der Kölner Kuratorialverfassung. Dort verwalten der Kurator bzw. das Kuratorium die Universitätsanstalt und darüber hinaus im Wege der Institutionsleihe[40a] auch das eigene Vermögen der Universitätskörperschaft. Dabei ist der Kurator als hierarchisch nachgeordnetes Organ gewiß von den vorgesetzten Staatsbehörden, dem Kultusminister und dem Finanzminister, abhängiger, als es bei reiner Körperschaftsverfassung ein Rektor wäre. Dafür steht er aber auch nicht in dem Verdacht einseitiger Interessenwahrnehmung und vermag den Anliegen der Universität erst recht dann ein größeres Gewicht zu geben, wenn er mit dem Rektor zusammen auftritt. Je angesehener seine Stellung und seine Person ist, um so größer wird sein Einfluß aber auch sein Rat und seine Hilfe bei den Staatsbehörden sein, um so weniger wird er aber auch andererseits verlockt sein, die freie Eigenentfaltung der seiner Obhut anvertrauten Universität zu beeinträchtigen. Außerdem und nicht zuletzt ver-

[39] *Thieme:* Hochschulrecht S. 150, bezweifelt die Mitgliedschaft der Ehrensenatoren und behauptet die des Universitätsrates preußischen Rechts.

[40] So *Köttgen:* Freiheit der Wissenschaft und Selbstverwaltung der Universität (Grundrechte II S. 323) bzgl. aller Universitäten.

[40a] Zum Begriff s. *Wolff:* Die Rechtsstellung der Beschlußausschüsse in Nordrhein-Westfalen = Karl-Arnold-Festschrift, 1955, S. 296 f.

fügt er über eine weit größere Verwaltungserfahrung, Sach- und Personalkenntnis gerade auch im Verkehr mit anderen Behörden, als sie ein Rektor in seiner kurzen Amtszeit erwerben kann. Und schließlich ist er, anders als ein dem Rektor beigegebener Verwaltungsrat, selbst verantwortlich.

Nun gibt es freilich auch Universitäten, deren Körperschaftsorgane – Rektor und Senat, wie in Baden und Württemberg, oder ein Verwaltungsausschuß, wie in Bayern – selbst einen mehr oder minder großen Anteil der Bedarfsverwaltung als staatliche Auftragsangelegenheit unter Bindung an ministerielle Weisungen oder auch als staatlicherseits lediglich beaufsichtigte Selbstverwaltungsangelegenheit erledigen. Auch sie kommen jedoch ohne eine ihnen rechtlich voraufgehende Universitätsanstalt nicht aus, die die Körperschaft über ihr Eigenvermögen hinaus mit persönlichen und sachlichen Mitteln versieht. Nur die *Verwaltung*, nicht aber die Bereitstellung dieser Mittel im Rahmen des Haushaltsplans und sonstiger Bindungen ist Sache der Körperschaftsorgane, während die bereitstellende Anstalt und damit in der Regel auch ein Teil ihrer Mittel unmittelbar vom Kultusministerium verwaltet werden. Übrigens besteht auch bei der Kuratorialverfassung die Möglichkeit, gewisse Angelgenheiten der Bedarfsverwaltung der Körperschaft oder körperschaftlichen Organe, sei es als Auftrags-, sei es als Selbstverwaltungsangelegenheit, zu übertragen.

Der Unterschied der verschiedenen Universitätsverfassungen [41] besteht also m. E. nur darin, wieviele und welche Geschäfte der Bedarfsverwaltung das Ministerium sich selbst vorbehält, wieviele und welche es durch ein etwaiges kollegiales Kuratorium, wieviele und welche es durch eigene, weisungsgebundene Beamte, wieviele und welche der Staat durch Körperschaftsorgane als weisungsgebundene Auftragsangelegenheiten oder im Wege der Institutionsleihe und wieviele und welche er durch die Körperschaftsorgane als weisungsgebundene Selbstverwaltungsangelegenheit verwalten läßt.

Wie so mit einer Anstalt läßt sich die Körperschaftlichkeit der Universität auch mit einer ihrer Bedarfsverwaltung dienenden Stiftung verbinden. Schließlich wäre auch die Kombination einer Stiftung oder (und) eines Vereins für gewisse Vermögenswerte und einer Anstalt (etwa für die Bereitstellung von Beamtenstellen) mit einer Körperschaft möglich.

III

Es wird nicht Wunder nehmen, daß dieses Nebeneinander zweier verschiedener Organisationsformen Zweifelsfragen über die Zugehörigkeit

[41] Wegen des recht unterschiedlichen geltenden Rechts vgl. *Thieme* 8. Kap.

der einen oder anderen Zuständigkeit zur Anstalt oder zur Körperschaft aufwirft, namentlich wenn man sie de lege ferenda stellt. Sie alle hier auch nur anzuschneiden, ist unmöglich. Es müßte zudem in sehr zeitraubende Detail-Erörterungen hineinführen. Nur auf einiges möchte ich hinweisen:

a) Als erstes möchte ich betonen, daß der Minister trotz seiner Anstaltsherrlichkeit nicht frei ist in der *Besetzung* der für Forscher und Lehrer bestimmten Stellen. Denn da die Berufenen ipso facto Mitglieder der Körperschaft werden und an dem sachlichen Zusammenwirken der Forscher und Lehrer teilhaben, für die allein die Körperschaftsorgane zuständig sind, würde die Oktroyierung eines Professors die Rechte der Körperschaft bzw. ihres zuständigen Organs, der Fakultät, ja sogar den Wesensgehalt der akademischen Freiheit verletzen. Andererseits kann der Minister auch nicht etwa von der Universität oder Fakultät gezwunden werden, eine bestimmte Person zum Beamten zu ernennen. Daher kann er Vorschläge der Fakultät zwar verwerfen, aber nur dann, wenn, wie es Herr Kurator *Flesch* formulierte, Tatsachen vorliegen, die erkennen lassen, daß der Vorschlag auf unsachlichen Gründen beruht, oder daß eine in erster Linie geeignete Person nicht vorgeschlagen wurde, oder endlich, daß zwingende Gründe des öffentlichen Wohls der Berufung entgegenstehen. Einer danach ungerechtfertigten Verwerfung eines Vorschlages oder der Berufung eines Nicht-Vorgeschlagenen kann durch Verfassungsbeschwerde begegnet werden. Das gilt auch von Assistenten.

b) Zum zweiten möchte ich meinen, daß eine *institutionelle Verbindung* zwischen Körperschaft und Anstalt möglichst durch ein besonderes Körperschaftsorgan hergestellt werden sollte, ohne daß die Klarheit der Verantwortung des Kurators dadurch getrübt werden darf. Eben wegen der großen Bedeutung der Universitäts-Bedarfsverwaltung für Forschung und Lehre muß die mit deren Ermächtigung und Pflege betraute Universitäts-Körperschaft die Gesamtinteressen der Universität in dieser Hinsicht sowohl gegenüber ihren Mitgliedern als auch gegenüber der Staatsgewalt amtlich zur Geltung bringen können. Nach der gegenwärtigen Verfassung geschieht das durch Rektor und Senat. Jener aber ist durch vielfältige, ihm unabnehmbare Verpflichtungen schon überlastet, und dieser ist zu groß, um sich mit Einzelfragen des Haushaltsplans, der niederen Personalien oder der Bausachen befassen zu können. Auch ein Senatsausschuß würde die Interessen der Universität auf diesen Gebieten schwerlich wahrnehmen können, da er nicht zeitlich stabil genug ist. Der Verfassungsausschuß der Universität in Münster hat daher ein Kollegium aus Rektor, Prorektor und drei vom Großen Senat gewählten Personen vorgesehen, von denen alljährlich einer (bzw. mit dem Rektor zwei) durch Neuwahl ersetzt werden. Es soll die Aufgabe haben, den Kurator zu beraten und, wenn es ihn nicht zu überzeugen vermag, dem Minister seine Meinung kundzutun. Irgendwelche Anordnungsgewalt soll ihm nicht zustehen.

c) Überprüfungsbedürftig erscheint mir fernerhin die Stellung der *Institute,* der *Kliniken* und der *Universitätsbibliothek.* Ihre Bedeutung für die Universität ist so groß, daß sie m. E. nicht mehr, wie bisher, nur personell, sondern auch institutionell mit der Universitätskörperschaft verbunden gedacht werden sollten [42].

d) Dasselbe könnte hinsichtlich derjenigen *Prüfungsämter* erwogen werden, die an der Universität bestehen. Die Prüfungsordnungen könnten allerdings staatlicher Genehmigung und die Prüfungsämter ausdrücklicher staatlicher Anerkennung nicht entraten. Andernfalls wäre die allgemeine Anerkennung der Prüfungen nicht zu gewährleisten. Weit mehr aber als bisher sollte von den Ministerien ebenso wie von den Fakultäten bedacht werden, daß Anforderungen, die die Prüfungsordnungen an das Studium stellen, verfassungswidrige Eingriffe nicht nur in die Lern-, sondern auch in die Lehr- und Forschungsfreiheit sein können [43].

e) Und schließlich taucht das Problem auf, in welcher Weise die bestehenden *Satzungen* der Universitäten [44] *geändert* werden können, wenn man das für wünschenswert halten sollte.

Obwohl § 68 II 12 ALR sagt, die innere Verfassung der Universitäten werde durch die Privilegien und „die vom Staate genehmigten Statuten einer jeden Universität" bestimmt, hat die preußische Praxis eine nur von staatlicher Genehmigung abhängige Satzungs-Autonomie der Universitäten nie anerkannt; und die Wissenschaft hat dem beigepflichtet [45]. So wurde aus der Genehmigung ein Erlaß nach Anhörung; und zwar ein Erlaß zunächst durch den König kraft seiner absoluten Gewalt, später, im konstitutionellen Staate, kraft seiner Organisationsgewalt, dann durch den Kultusminister namens des Staatsministeriums als Rechtsnachfolger des Königs.

[42] Zum recht unterschiedlichen geltenden Recht s. *Thieme* 11. Kap.

[43] Vgl. *Thieme* S. 210 f.

[44] *Thieme:* Hochschulrecht S. 36 ff., hält die Wiedergeltung der preußischen Universitätsverfassungen von 1923/31 für gewohnheitsrechtlich. Ich stütze sie auf „verfassunggestaltende Grundentscheidung" und verweise deswegen auf meinen Beitrag zu der Gedächtnisschrift für *Walter Jellinek:* Forschungen und Berichte aus dem öffentlichen Recht, 1955, S. 47 ff.

[45] Z. B. *Wende:* a. a. O. S. 26 ff.; *Köttgen:* Universitätsrecht S. 16 ff.

Ausgangspunkt für die heutige Rechtslage in Nordrhein-Westfalen ist Art. 19 I der Landesverfassung. Danach haben die Universitäten „unbeschadet der staatlichen Aufsicht das Recht auf eine ihrem besonderen Charakter entsprechende Selbstverwaltung im Rahmen der Gesetze und ihrer staatlich anerkannten Satzungen". *Hans Peters* meint[46], daß dadurch die bisherige Rechtslage nicht verändert worden sei. Dem vermag ich leider nicht beizupflichten. War schon die Auslegung, die § 68 II 12 ALR im konstitutionellen Staate durch Praxis und Theorie gefunden hat, recht fragwürdig, so kann man erst recht den Verfassungsgesetzgeber von 1950, der sich des Wunsches von Universitäten nach eigener Satzungsautonomie voll bewußt war, nicht unterstellen, daß er etwas anderes gemeint habe, als er gesagt hat. Er hat ja auch die Formulierung des § 62 II 12 ALR nicht wörtlich übernommen und mit den Worten „Selbstverwaltung" und „Satzung" eindeutig eine Körperschafts-Autonomie angesprochen.

Eine solche kann sich freilich nur auf die innere Ordnung der Körperschaft selbst, also auf die Bildung und Zuständigkeiten ihrer Organe und deren Beziehungen zu den Mitgliedern erstrecken[47]. Andererseits kann sie sich nicht beziehen auf die der Universitätskörperschaft angegliederte Staatsanstalt, nicht auf die beamtenrechtlichen Pflichten und Rechte der Universitätsangehörigen, nicht auf die Rechtsverhältnisse der Lehrkräfte, Assistenten und Studenten als *Benutzer* dieser Anstalt und nicht auf die Zuständigkeiten, die die geltenden Satzungen dem Minister oder Kurator vorbehalten. Denn durch autonome Satzung können die Zuständigkeiten staatlicher Organe nicht berührt werden. Eine von den Universitäts-Organen etwa neu zu beschließende Satzung müßte daher höchst unvollständig bleiben. Ein Änderungswille würde sich immer wieder an unveränderlichen Satzungsbestimmungen stoßen und lief im übrigen Gefahr, nicht die Anerkennung des Ministers zu finden. Der Erlaß einer der bisherigen vergleichbaren, vollständigen Universitätssatzung ist dadurch auf den Weg der Vereinbarung zwischen Universität und Staat verwiesen. Das Ergebnis wäre dann eine sogen. öffentlich-rechtliche Vereinbarung, die dem Staats- und Verwaltungsrecht als (freilich seltene) Rechtsquelle bekannt ist. Es könnte „Universitäts-Verfassung" genannt werden im Unterschied einerseits zu den autonomen Satzungen, wie Senats-, Fakultäts-, Promotions- und Habilitations-Ordnungen, andererseits zu den Verordnungen der Staatsbehörden[48].

[46] in einem unveröffentlichten Gutachten.
[47] Ebenso *Thieme:* Hochschulrecht S. 83–86.
[48] Ebenso *Thieme:* Hochschulrecht S. 31.

Es ist nun aber noch die Frage, inwieweit der Minister rechtlich zuständig ist, eine solche Verfassung zusammen mit den Universitätsorganen zu erlassen, und inwieweit etwa der formelle Gesetzgeber, d. h, der Landtag, bemüht werden muß. Das Wort „Gesetze“ in Art. 16 I nwVf, wo es heißt, die Universitäten haben ihr Selbstverwaltungsrecht „im Rahmen der Gesetze“, kann im materiellen Sinne verstanden werden, so daß es auch ermächtigte Rechtssetzungen des Ministers einbegreift. Auch der Art. 77 I nwVf, wonach „die Organisation der allgemeinen Landesverwaltung und die Regelung der Zuständigkeiten durch Gesetz erfolgt“, erfordert m. E. kein Eingreifen des Gesetzgebers, soweit es sich um die Regelung von Zuständigkeiten zwischen von Staats- und Universitätsorganen oder der Anstaltsbenutzung handelt. Denn jene verbleibt im Rahmen staatsaufsichtlicher Organisations-Anordnungen, diese ist als Regelung sogen. besonderer Gewaltverhältnisse vom Gesetzesvorbehalt gewohnheitsrechtlich freigestellt. Dasselbe gilt von denjenigen beamtenrechtlichen Vorschriften, die, wie die Urlaubsregelungen, nicht im Gegensatz zu Bundes- oder Landesrecht stehen. Dies alles allerdings mit der Maßgabe, daß nicht die Zuständigkeit gesetzlich dem Plenum der Landesregierung vorbehalten ist, wie in § 100 I LandesbeamtenG. Eine etwaige Änderung derjenigen Satzungsbestimmungen, die den Inhalt eines formellen Gesetzes, wie z. B. des Hochschullehrergesetzes von 1938, wiedergeben, ist dagegen selbstverständlich dem Landesgesetzgeber vorbehalten. Ihre Wiederaufnahme in eine neue Verfassung bedarf jedoch nicht gesetzlicher Form. Wie ich denn überhaupt meinen möchte, daß eine inhaltlich unveränderte Übernahme bisheriger Rechtssätze in eine im übrigen zum Teil neugefaßte Universitäts-Verfassung die Zuständigkeit des Ministers auch dann nicht übersteigt, wenn er zu einer Neuregelung unzuständig sein würde.

Das in den bisherigen Satzungen nicht näher geregelte Disziplinarrecht der nicht beamteten Dozenten und der Studenten bedarf freilich nach h. M. formell-gesetzlicher Neuregelung[49]. Zwar kann die Disziplin der Mitglieder einer Körperschaft auf Grund einer Satzung gewahrt und die Beachtung der guten Ordnung bei der Anstaltsbenutzung auf Grund einer schlichten Anstaltsverordnung durchgesetzt werden. Die besondere Rechtsstellung (Status) eines Privatdozenten oder eines Studenten („akademischen Bürgers“) aber

[49] Insoweit stimmen *Gerber:* Stutentisches Diziplinarrecht = Deutsches Verwaltungsblatt 1954 S. 657 ff., *ders.:* Akademisches Disziplinarrecht = Die öffentl. Verwaltung 1955, S. 480 ff., und *Scheuner:* Rechtsgrundlagen des Hochschulrechts = Deutsches Verwaltungsblatt 1955 S. 137 ff. überein.

würde auch dann nur auf Grund eines förmlichen Gesetzes entzogen werden können, wenn diese Materie nicht schon teilweise durch förmliches Gesetz geregelt worden wäre[50].

[50] Hinsichtlich der Frage nach der Wiedergeltung des preußischen Gesetzes vom 29. 5. 1879 (GS S. 389) – so *Scheuner* mit dem Landesverwaltungsgericht Hannover v. 25. 3. 1954 (DVBl 1954, 680 ff.) – oder der Fortgeltung der Strafordnung für Studierende von 1935 (Die deutsche Hochschulverwaltung II. Bd. 1943 S. 353) ohne ihre nationalsozialistischen Gehalte pflichte ich *Scheuner* und dem LVG Hannover bei, weil auch nach nationalsozialistischem Recht eine nicht qualifizierte Verordnung nur via facti nicht aber de jure imstande war, ein formelles Gesetz abzuändern. (Dazu *Werner Weber:* Die Verkündung von Rechtsvorschriften, 1942, bes. S. 28 ff.). Die von *Gerber,* DVBl 1955 S. 483, geschilderte Wiedereinführung der badischen Vorschriften über das akademische Bürgerrecht in der Fassung vom 23. April 1920 an der Universität Freiburg i. Br. beruhte auf „verfassunggestaltender Grundentscheidung“ (s. o. Anm. 44).

Diskussion

Professor Dr. jur. Hans Peters

Ich bin den ausgezeichneten Ausführungen von Herrn Professor Wolff, die vielerlei Neues brachten, mit großem Interesse gefolgt. Doch muß ich ihnen einige Bedenken entgegensetzen, weil ich glaube, daß manches doch nicht ganz richtig war. Zunächst um dies gleich vorwegzunehmen: Wir haben alle soeben gesehen, daß das Universitätsrecht überaus kompliziert wird durch die Theorie, daß man Anstalt und Körperschaft nebeneinander und womöglich noch gegeneinander stellt. Wir müssen m. E. klar unterscheiden:

1. Lex lata: Was ist rechtens?
2. Was ist logisch notwendig?
3. Was ist erwünscht? Also die Frage nach der lex ferenda.

Alle drei Antworten können auseinandergehen; es können auch darüber erhebliche Meinungsverschiedenheiten innerhalb der Universitäten bestehen. Wir müssen daher zunächst davon ausgehen, was eigentlich die lex lata ist. Herr Kollege Wolff hat das Material übersichtlich zusammengestellt, doch würde ich es zum Teil etwas anders auslegen.

Wir haben als Ausgangspunkt noch das Preuß. Allg. Landrecht, nach dessen in Frage kommenden § 67 II 12 die Universitäten alle Rechte privilegierter Korporationen haben. Das Allgemeine Landrecht geht von dem Korporationsbegriff aus. Korporationen bedeutet: sie sind eigene juristische Personen mit entsprechendem Recht. Die Verfassung von Nordrhein-Westfalen besagt im Artikel 16 – und ich bin der Meinung, daß sich eigentlich gar nichts geändert hat –:

> Die Universitäten und diejenigen Hochschulen, die ihnen als Stätten der Forschung und der Lehre gleichstehen, haben, unbeschadet der staatlichen Aufsicht das Recht auf eine ihrem besonderen Charakter entsprechende Selbstverwaltung im Rahmen der Gesetze und ihrer staatlich anerkannten Satzungen.

Also: sie haben Selbstverwaltung. Die Selbstverwaltung der Hochschulen ist nicht dieselbe wie die kommunale Selbstverwaltung, sondern ist wesensmäßig auf die Wissenschaft ausgerichtet, demnach auf eine besondere Aufgabe. Daher muß die Hochschulverwaltung nach verschiedenen Richtungen hin in der ihr eigentümlichen Weise ausgestaltet werden und ist es auch.

Die Kritik des Kollegen Wolff an den Satzungen der ehemals preußischen Universitäten halte ich für unzutreffend. Darin steht genau das, was das Allgemeine Landesrecht, ins Moderne gebracht, bestimmt: Die Universität ist eine Veranstaltung des Staates und hat zugleich nach Maßgabe der Gesetze die Rechte einer Körperschaft des öffentlichen Rechts. Jetzt meint Herr Wolff, das gehe nicht. Seinem eseligen Kamel, das es nicht geben könne, kann ich einen Maulesel gegenüberstellen, den es doch auch als Kreuzung zweier verschiedener Tiere gibt – natürlich nur bildlich gesprochen. Warum soll man so etwas nicht auch im Bereich der Verwaltungsorganisation für möglich halten? Ich halte solche Mischungen jedenfalls für juristisch denkbar. Wir kennen sie auch auf anderen Gebieten. Wir müssen die freie Entfaltung der Persönlichkeit mit dem sozialen Rechtsstaat oder die Freiheit mit der Gleichheit der Menschen kombinieren. Man kann nicht juristischen Begriffen zuliebe notwendige Realitäten außer acht lassen, weil irgendeine Begriffsbestimmung das hindern sollte. Beim Universitätsrecht geht es in der Tat darum, das Anstaltselement und das Körperschaftselement miteinander zu verbinden. Ich sehe nicht ein, warum man diesen Notwendigkeiten durch Schaffung von zwei verschiedenen Rechtsträgern oder überhaupt nicht sollte gerecht werden können.

Nun kommt die Frage der logischen Konsequenzen. Naturrecht scheidet hier aus. Herrn Wolffs Konstruktionen sind zwar in sich durchaus richtig; aber die Logik hindert m. E. keine andere Konstruktion. Eine *Körperschaft* wird weitgehend Selbstverwaltung haben; aber in welchem Umfange sie sie hat, ist durchaus offen. Ich glaube, man kann logischerweise verschiedene haltbare Konstruktionen finden. Nur muß das in der Satzung jeweils klar durchdacht werden, damit keine inneren Widersprüche vorkommen. So kann ich mir vorstellen, daß man aus verschiedenen Grundkategorien verschiedene Mischformen konstruiert. Welche einfache oder komplizierte Form man wählt, ist eine Willenssache, deren Ergebnis praktisch im positiven Recht zu verwirklichen ist. Demgemäß haben die preußischen Universitätssatzungen Bestimmungen getroffen, die man auslegen müßte, aber nicht einfach als unmöglich hinstellen darf. Sie haben m. E. tatsächlich eine logisch haltbare, wohl durchdachte Kombination der Anstalt mit körperschaftlichen

Elementen in *einer* juristischen Person gefunden, und mir scheint, daß diese Verbindung sich bewährt hat, weil sie dem Staate gibt, was des Staates ist, aber zugleich der körperschaftlichen Organisation der freien Wissenschaft Raum gewährt.

Nun zu Artikel 16 Verfassung Nordrhein-Westfalen. Sein Inhalt ist nicht der von Lehrbüchern oder von Spezialschriften mit all den Meinungsverschiedenheiten über das, was heute und früher rechtens war. Art. 16 versetzt uns nicht in den Zwang zu einer neuen Konstruktion, sondern ist m. E. das normale Ergebnis der bisherigen Entwicklung. Lehre und Forschung sind frei; sie können zwar – und das gilt z. B. für Prüfungsordnungen – mittelbar beeinflußt werden durch staatliche Akte. Aber das sind keine verfassungswidrigen Eingriffe. Daß man mit organisatorischen Mitteln gewisse Zwecke im Bereich der freien Forschung erreichen kann, das zeigen nicht nur die Universitäten, sondern auch freie Forschungsinstitute wie die der Max-Planck-Gesellschaft. Die Finanzen, die zur Verfügung gestellt werden, bestimmen manchmal sogar die Forschungsrichtung. Wenn der Staat z. B. eine Sternwarte errichtet, so gibt er der astronomischen Forschung neuen Auftrieb. Natürlich ist das kein verfassungswidriger Eingriff in die Freiheit der Forschung. Ich glaube, daß sämtliche staatlichen Maßnahmen organisatorischer Art, sofern sie nicht gerade zum Ziele haben, die Freiheit der Forschung zu begrenzen, dann auch rechtmäßig sind. Man kann nun einmal mit organisatorischen und finanziellen Mitteln sachliche Aufgaben und Ziele richtungweisend beeinflussen. Mit der Tabaksteuer, wenn sie sehr hoch ist, kann man neben dem Ziel der staatlichen Einnahmesteigerung das Rauchen einzuschränken suchen – nebenbei bemerkt auch manchmal vergeblich.

Von einer Beschränkung der Freiheit der Lehre durch organisatorische Maßnahmen kann man auch im wissenschaftlichen Bereich nicht sprechen, selbst wo damit gewisse Steuerungen versucht werden.

Nun die Satzung selbst: Auch da bin ich von Herrn Wolff noch keines Besseren belehrt worden. Es ist nicht so, als ob mit dieser seiner Theorie die Zuständigkeit der Universitätsselbstverwaltung vermehrt würde, sie wird m. E. dadurch in der Tat erheblich vermindert. Im Gesetz ist die Rede von der staatlich anerkannten Satzung. Die Satzung wird danach inhaltlich von der Universität festgelegt. Alsdann kann sie der Staat „anerkennen". Früher sprach man noch von „Genehmigung". Für das Wort „Anerkennung" haben wir ein Fremdwort, nämlich „Sanktionierung". Den Geltungsbefehl für die Satzung gibt der Staat durch die „Sanktion". Die Universität kann dem Staat durch die Satzung nichts befehlen, wohl aber kann sie ihm einen gewissen Zwang insofern auferlegen, als sie den *Inhalt* der Satzung festzulegen berechtigt ist. Sie kann also die Satzung so formulieren, daß auch dem Staat Pflichten zugeteilt werden. Natürlich könnte der Staat erklären, er übernähme diese Pflichten nicht; er erkenne sie nicht an. Oder er kann – und das wird er vielfach tun – das von der Satzung inhaltlich nur übernommene alte staatliche Recht auch weiterhin zugrunde legen. So wird der Staat die Satzung ohne weiteres oft auch sanktionieren, obwohl sie Rechtssätze enthält, über die die Universität an sich nicht verfügungsberechtigt ist. Im Ergebnis ist bei dieser meiner Auffassung die Universitätssatzung auch nach Art. 16 Verf. N. R. W. in der Tat *staatliches* Recht, also nicht autonomes Recht. Wenn Sie diese Konstruktion übernehmen, dann gilt der von der Universität verfaßte Satzungstext für den Staat insoweit bindend, als er diesen Inhalt als vorgegeben anerkennen muß oder im ganzen ablehnen kann. Im letzteren Falle wird die Satzung nicht wirksam, im ersteren erhält sie die Befehlsgewalt, wird eine *staatliche* Anordnung. Demnach bleibt auch heute alles wie bisher. Mir scheint viel wichtiger, daß man den Staat von seiten nach Art. 16 der Universität durch die selbständige Festlegung der Satzung an deren Inhalt binden kann, als daß die Universität in ihrem eigenen kleinen Bereich selbständig (autonom) lebt. Die Beispiele, die Herr Wolff brachte und die sich logisch aus seiner Theorie ergeben, sind so, daß alle bisherigen Rechte dem Staat bleiben, außer dem Recht der Oktroyierung von Professoren. Das Recht der Oktroyierung ist aber m. E. für den Staat unverzichtbar. Im ehemaligen Preußen war es ein von den Ministern wiederholt ausgeübtes Recht; immer wieder ist zwar aus kulturpolitischen Gründen dagegen vorgegangen worden, auch von Universitäten, ohne daß es als solches ernsthaft bestritten worden wäre. Wenn es darüber heute zur Klage vor dem Verwaltungsgericht käme, würde die Universität m. E. nicht obsiegen, da das Recht des Ministers, einen Professor oktroyieren zu können, m. E. nicht zu bestreiten ist. Sonst müßte das Gegenteil klar im Gesetz gesagt sein; auch die geringfügige Veränderung des Wortlauts des Preußischen Allgemeinen Landrechts durch die sehr verklausulierte Formulierung des Art. 16 Verf. N. R. W. stützt m. E. nicht die Annahme einer Veränderung eines solchen kulturpolitisch umstrittenen Rechts und seine Ersetzung durch eine grundsätzlich neue Rechtslage.

Ich bin also von Herrn Wolffs Doppelseitigkeitstheorie *nicht* überzeugt. Es gibt m. E. keine logische Notwendigkeit, Körperschaften begrifflich bestimmte Rechte zuzuerkennen oder zu verweigern. Historisch hatte der Absolutismus die *Körperschaften* mit Selbstverwaltung in Wirklichkeit weithin beseitigt und hat daraus *Anstalten* gemacht. Die Universitäten erhielten freilich Privilegien. Daraus wurden dann die Rechte, die die Selbstverwaltung der Hochschulen nun sichern sollen. Der Anstaltscharakter blieb aber m. E. trotzdem bis heute erhalten. Ich hätte es gerne gesehen, wenn der Staat nach 1945 sich bereit erklärt hätte, die Konsequenz aus der Entwicklung zu ziehen und die Universitäten klar zu Körperschaften zu machen. Die Frage de lege lata kann daher m. E. nur sein, ob man eine Anstalt mit körperschaftlichen Elementen oder eine Körperschaft mit anstaltlichen Elementen in unseren drei Universitäten zu sehen hat. Wir haben bis jetzt keinen Anlaß anzunehmen, daß das Universitätsrecht hier in Nordrhein-Westfalen grundlegende Änderungen erfahren habe, weder durch Artikel 16 noch sonst durch Spezialvorschriften.

Nun könnte man natürlich auch wieder eine Gegenüberstellung der einzelnen Folgerungen versuchen, die sich aus Herrn Wolffs oder der überkommenen, von mir vertretenen Theorie mit der angeblich unmöglichen Mischform von anstaltlicher und körperschaftlicher Existenz ergeben. Dabei würde sich herausstellen, daß wir in den Ergebnissen voneinander gar nicht so weit entfernt sind. Nur fürchte ich, daß, wie Herrn Wolff's letzte Beispiele gezeigt haben, durch neue Theorien das Ganze nicht klarer, sondern noch viel komplizierter geworden ist.

Professor Dr. jur. Ulrich Scheuner

Mit den Thesen des Vortrages darf ich mich im ganzen einverstanden erklären, und ich möchte nur der Hoffnung Ausdruck geben, daß auch diejenigen das Wort ergreifen mögen, die stärker als der Vortragende den Gedanken der Selbstverwaltung der Hochschule auch in den administrativen Fragen vertreten. Es sind nur gewisse ergänzende Bemerkungen, die ich zu den Thesen des Referates hinzuzufügen habe.

Der Redner hat mit Recht betont, daß die Wissenschaft ein freier Bereich sei, der nicht vom Staate geleitet oder veranstaltet wird, er hat hierfür auf die Bestimmungen des Grundgesetzes (Art. 5) hingewiesen. Ich würde freilich meinen, was die Vorschrift des Art. 5 Abs. 3 GG und entsprechende Artikel der Landesverfassungen gewährleisten, ist die sachliche und funktionale Freiheit von Forschung und Lehre im Sinne der Freiheit der Überzeugung und ihres öffentlichen Ausdrucks. Dagegen sehe ich in diesen Vorschriften, soweit sie nicht besondere Zusätze enthalten, nicht auch die

Gewährleistung der administrativen Selbständigkeit der Hochschule garantiert. Gewiß gehören die sachliche Freiheit der Wissenschaft und ein bestimmtes Maß persönlicher Unabhängigkeit des Forschenden und der Forschungseinrichtungen zusammen. Insoweit könnte man aus der Sicherstellung der Freiheit von Forschung und Lehre auch einen Rückschluß auf ein notwendiges Maß von verwaltungsmäßiger Unabhängigkeit der Hochschulen und der Fakultäten ziehen. Eingriffe in diesen Bereich der Dispositionen über Forschung und Lehre würden auch deren sachlichen Gehalt beeinträchtigen. Aber ich halte es nicht für möglich, aus Art. 5 Abs. 3 GG Folgerungen im einzelnen für die Rechtsgestaltung zu ziehen, etwa für die Frage, ob die Universitäten Körperschaften oder Anstalten sein sollen. Die Freiheit der Lehre bleibt immer im Kern eine individuelle Freiheit des Lehrenden. Diese Freiheit auf die Hochschulkorporation als Ganzes zu erstrecken, könnte für diese eine korporative Einwirkung auf Lehre und Forschung eröffnen, die die sachliche Unabhängigkeit des einzelnen Forschers ebenso beeinträchtigen könnte wie staatliche Maßnahmen. Denn die eigentliche Verantwortung für die Forschung als Aufgabe liegt noch nicht einmal der Hochschule als Gesamtkorporation ob. Sie ist seit alters den Fakultäten als den sachlich berufenen Einrichtungen anvertraut. Die Universitäten als Ganzes vermögen heute keine fachliche Stellungnahme mehr über wissenschaftliche Einzelfragen ohne Hilfe der Fakultäten abzugeben.

Von einer anderen Seite her wird zu betonen sein, daß die Administration oder Intendantur einer Hochschule nicht mit den überlieferten Vorstellungen als unmittelbare Verwaltung oder gar als hoheitliche (Befehls)verwaltung zu erfassen ist. Sie gehört vielmehr in jenen Bereich, den Ernst Forsthoff als Daseinsvorsorge bezeichnet hat, in das Gebiet der pflegenden, fördernden, verteilenden Wirksamkeit des Staates, in der der Staat einem Lebensbereich seine Obsorge zuwendet, aber nur wenig befiehlt. Im sozialen Staate der Gegenwart spielt sich ein sehr großer Teil aller Verwaltungstätigkeit in diesen Formen ab, in denen der Staat nicht die Sphäre des einzelnen durch Weisungen beschränkt, sondern ihm als Inhaber von Hilfe, Förderung, Zuschüssen, Subventionen usw. begegnet. Hoheitsakte nimmt der Staat in akademischen Fragen vor allem im personellen Bereiche vor.

Aus diesen Feststellungen folgt ein weiterer Gesichtspunkt. Die Sicherung der Freiheit der Forschung ist eine gemeinsame Aufgabe und Verantwortung sowohl der Universität als Ganzes, der Fakultäten wie auch des Staates. Der Staat hat nicht nur den Hochschulen die Mittel bereitzustellen, er trägt auch darüber hinaus eine Mitverantwortung an der Bewahrung des wissenschaftlichen Bereiches und des besonderen ihm eigenen Klimas. Aus dieser Verantwortung kann man den Staat auch nicht entlassen. Wir können freilich heute auf vielen Gebieten des öffentlichen Lebens beobachten, daß Lebensbereiche, die der Staat trägt, sich von ihm ganz befreien und entfernen möchten. Solche Strömungen bestehen in der Rechtsprechung, ohne daß dabei erkannt wird, daß die Justiz ihr Schwert nicht aus eigenem Rechte führt, sondern aus der Hoheit der Volksgesamtheit, des Staates empfängt. Auch das Amt des Hochschullehrers hat diesen staatlichen Grund. Das wirkt sich auch in gewissen Bindungen aus. Ein Forscher, der nach Antritt seiner amtlichen Lehrtätigkeit die Forschung ganz fallen läßt und die wissenschaftliche Weiterarbeit einstellt, versündigt sich nicht nur am Geiste der Wissenschaft, er vernachlässigt auch evident seine amtlichen Verpflichtungen. Hier würde eine Berufung auf die Forschungsfreiheit gegenstandslos sein. Auch ist u. U. eine Tätigkeit des akademischen Lehrers in einem spezifischen Sinn Amtstätigkeit. Vor langen Jahren ereignete sich in einem chemischen Institut einer Universität durch Versehen eines Assistenten eine Explosion, bei der ein Student getötet und mehrere verletzt wurden. Hier fand der Gesichtspunkt der Amtshaftung nach § 839 BGB Anwendung; in diesem Sinne ist auch der Unterricht des Hochschullehrers eine öffentliche Amtstätigkeit.

Von besonderer Bedeutung scheint mir die Frage nach der inneren Freiheit der Universität zu sein, die der Vortragende mit Recht in den Vordergrund gerückt hat. Es geht hier recht eigentlich um ein Kernproblem unserer heutigen Hochschule und aller Bestrebungen zu Reform und Weiterbildung. Wir sind gewöhnt, die Erscheinung unserer Hochschulen an den Ideen zu messen, die vor anderthalb Jahrhunderten Wilhelm von Humboldt und seine Mitarbeiter an der Neugestaltung des preußischen Hochschulwesens entwickelt haben. Wir sollten diese Gedanken einer auf der Freiheit von Lehre und Forschung und der individuellen Verantwortung jedes akademischen Lehrers aufgebauten Bildungsanstalt auch weiterhin hochhalten. Aber das entbindet nicht von der Verpflichtung, überlieferte Ideale immer wieder auf Erfüllung und Bewährung nachzuprüfen. Der Kern dieser Universitätsidee liegt aber jedenfalls ganz und gar in dem, was in Freiheit gelehrt wird, und in dem Erfolge geistiger Formung, der bei den jugendlichen Hörern daraus erweckt wird. Der wirkliche Rang und Gehalt einer Universität wird nicht durch ihre Rechtsgestalt, er wird jedenfalls in keiner Weise durch den Umfang der administrativen Geschäfte einer akademischen Selbstverwaltung bestimmt, sondern allein durch die wissenschaftliche Leistung und

Höhe ihrer Lehrer. Es kommt darauf an, ob es diesen Forschern gelingt, die Wissenschaft überzeugend in ihrem Wahrheitsgehalt zu verkörpern, ihre Schüler zu selbständiger Erkenntnis zu führen und durch sachliche Leistung der Hochschule im Lande den Platz als der eigentlichen Trägerin von Forschung und Wissenschaft zu erhalten. In der größten Zeit der Universität Göttingen, im 18. Jahrhundert, wurde sie ganz als Anstalt von oben her regiert. Wo eine wirklich bedeutende Persönlichkeit am Werke ist, die weiß, was Universitätspolitik ist, wird sie von jeder Stelle aus wirken können. Eine andere Frage ist es freilich, ob diese Notwendigkeit einer überlegten, von der Sache her, nicht nur von sozialen Problemen aus geführten Hochschulpolitik noch heute überall in dem gleichen Maße, auch in der Bürokratie, erkannt und gehandhabt wird, wie dies einst in der preußischen Verwaltung geschah. Auch in dieser Frage liegt ein Kernproblem heutiger Universitätspolitik.

Ich darf noch einen Gesichtspunkt erwähnen. Auf zahlreichen Lebensbereichen tritt heute ein Verlangen nach Autonomie, nach Unabhängigkeit gegenüber dem Staate hervor. Das gilt für die Betätigung der Kirchen ebensowohl wie etwa auch für den Bereich der Rechtsprechung. Es wird dabei indes leicht übersehen, daß die Verhältnisse nicht auf jedem Gebiet gleich liegen. Wo öffentliche Autorität beansprucht wird, wie in der hoheitlichen Funktion der Justiz, erscheint die Lösung vom Staate in Form einer Selbstverwaltung nicht denkbar. Aber auch im Felde des Kulturlebens sollte man den Staat nicht aus seiner Mitverantwortung entlassen. Die Mitbeteiligung und innere Mitwirkung des Staates, die auch ihre erzieherische Wirkung für den Staat selbst hat, ist ein wesentliches Moment der Universität.

Von diesen grundsätzlichen Anschauungen her nehme ich Stellung zur Frage der Rechtsform der Hochschule. Ich würde dabei Herrn Peters in seiner kritischen Anmerkung gegenüber dem Vortragenden zustimmen. Auch ich bin der Auffassung, daß die Möglichkeit von Mischformen zwischen Anstalt und Körperschaft gegeben ist, um so mehr als heute der Gesetzgeber diese beiden Begriffe oft mit unkundiger Hand durcheinandermischt, so daß sie vielfach zu einer leeren terminologischen Hülle geworden sind. Wenn wir den Begriff der Körperschaft wirklich ernst nehmen, so müssen wir feststellen: Nur dort kann von einer Korporation gesprochen werden, wo eine genossenschaftliche Grundlage gegeben ist, d. h. eine aktive Mitwirkung von Mitgliedern. In diesem Sinne möchte ich auch Herrn Prof. Wolff verstehen, daß eine Körperschaft nur dort vorhanden ist, wo wir einen Personenverband vor uns haben. Dabei erhebt sich eine Nebenfrage: Unzweifelhaft gehören zur Universitätskorporation die ordentlichen und außerordentlichen Lehrer. Zählen dazu auch die Studenten? Ich würde diese Frage nicht so unbedingt bejahen. Besitzen die Studierenden wirklich korporative Rechte, eine Anteilnahme an der Leitung der Hochschule? Rechtspolitisch möchte freilich ihre Zugehörigkeit anzunehmen sein, damit nicht wie in Österreich sich etwa eine besondere Rechtspersönlichkeit der Studierenden neben der Hochschule herausbildet. Ob man Personen, die so wenig an den Entscheidungen innerhalb der Hochschule teilnehmen und so stark fluktuieren wie die Studenten, als volle Mitglieder wie den Lehrkörper ansehen kann, wird man immerhin fragen dürfen.

Großes Gewicht würde ich wie der Vortragende auf die Herkunft der finanziellen Mittel für die Ausgestaltung der Selbstverwaltung legen. Ich trete Prof. Wolff darin bei, daß der Gedanke einer autonomen Körperschaft, die ihre Unterhaltsmittel nicht aus eigener Kraft, auch nicht zu einem Anteile, aufbringt, etwas Unnatürliches in sich trägt. Deichverbände, Wasserverbände kommen aus dem Kreise der Mitglieder wenigstens für einen erheblichen Teil ihrer Aufwendungen auf (Zuruf: Das stimmt nicht ganz). Schon bei diesen Verbänden, die man als Lastenverbände bezeichnet, ist die Stellung als wirkliche Selbstverwaltung nicht immer unzweifelhaft. Jedenfalls würde doch der Unterschied einer mit Fremdmitteln arbeitenden Körperschaft von einer Anstalt nicht groß sein.

Ich darf einige rechtspolitische Bemerkungen zum Schluß anfügen. Was die Abgrenzung zwischen den der Hochschule zur Selbstverwaltung übertragenen Angelegenheiten und denen betrifft, in denen der Staat selbst die Verwaltung führen muß, so läßt sie sich nicht wesentlich verändern. Es können eine Anzahl von Angelegenheiten mehr an eine akademische Selbstverwaltung übertragen werden. In mancher Hinsicht wird eine ausgedehnte Selbstverwaltung der Hochschule wie in Süddeutschland aber nur eine Stärkung des staatlichen Zentralismus bedeuten. Wer die bayerische Verwaltung kennt, wird sich nicht täuschen, daß hier die Zentralbehörden die Führung fest in der Hand behalten. Selbstverwaltung der Hochschule kann hier also heißen: stärkere Einschaltung des Ministeriums als deren Aufsicht.

Auch abgesehen von diesen Überlegungen frage ich mich, ob auf die Länge die heutige Rechtsform unserer Hochschulen den administrativen Anforderungen gewachsen sein wird. Wenn man gern in der Gegenwart auf das Bild der englischen Universitäten verweist, so darf nicht übersehen werden, daß dort die stärkere Selbständigkeit weithin Hierarchie innerhalb des Hochschulkörpers bedeutet. Die amerikanischen Stiftungsuniversitäten sind praktisch von einem administrativ erfahrenen Präsidenten straff geleitet. Die Stifter sorgen dafür, daß die gewiß reichlich vorhandenen Mittel auch sorgsam angewendet werden. Auch können private Stiftungen natürlich Abhängigkeiten mit sich bringen. Ob eine solche straffere administrative Form der Leitung der Universität der deutschen Entwicklung Beispiele zu geben hätte, wird man einmal prüfen müssen. Jedenfalls ist bis heute ein Grundzug der deutschen Universität im Unterschied zu manchen anderen Ländern die grundsätzliche Gleichstellung aller Lehrenden, die echte Kollegialität. Sie wird nur solange erhalten bleiben können, wie man die Hochschulen nicht mit Verwaltungsgeschäften überhäuft. Sonst bleibt nur der Übergang zu permanenten oder jedenfalls langfristigen Leitungsorganen, die notwendig ein Moment der Hierarchie in die Beziehungen unter den Lehrenden einführen würden. Das sind freilich Probleme, die über den Augenblick hinausreichen. Aber man sollte sie sich gelegentlich vorlegen und vor allem erkennen, daß mit dem deutschen Hochschulgefüge notwendig eine Entlastung der akademischen Sphäre von einer Überfülle administrativer Fragen zusammenhängt.

Ministerialdirigent Dr. jur. Hans v. Heppe

Wir müssen Herrn Professor Dr. Wolff außerordentlich dankbar sein für die vielen Gesichtspunkte, auf die er in seinem Vortrag hingewiesen hat, und in gleicher Weise den Herren Professoren, die in der Diskussion Wesentliches aufgezeigt haben. Sie werden verstehen, daß uns die Probleme von der Hochschulverwaltung aus sehr interessieren. Wir sind gerade vor kurzem in Honnef zu einer Tagung gewesen, die sich mit der Hochschulreform beschäftigte. Sie hatte speziell Fragen zum Gegenstand, die nicht eigentlich das Verhältnis Hochschule – Staat betrafen, sondern konkrete Fragen aus dem Bereich der Gliederung und Ergänzung der Lehrkörper und aus dem Bereich der Studentenförderung. Auch dort ist zum Ausdruck gekommen, wie notwendig es ist, selbst einmal und in den akademischen Korporationen Klarheit über das zu gewinnen, was man für eine Reform erstreben muß. Ich glaube persönlich allerdings nicht, daß die rein rechtliche Konstruktion, die Art der Rechtsgestalt, die entscheidende Frage ist. Die gegenwärtige Rechtslage in dieser Hinsicht hat Herr Professor Peters überzeugend dargelegt. Aber es scheint mir, daß wir nicht nur von dem bisherigen Rechtszustand auszugehen haben, sondern von dem, was sich seit 1945 in Deutschland – und auch speziell an den Hochschulen – und in der Welt zugetragen hat. Die Verfassungen und Satzungen der Hochschulen sind reformbedürftig. In diesem Zusammenhang müssen wir uns auch mit der Rechtsgestalt der Universität beschäftigen und ihr einen Inhalt geben, damit Wesen, Aufgaben und Funktionen der Universität den Ansprüchen unserer Zeit gerecht werden können. Wahrscheinlich könnte das rechtlich sowohl durch eine Körperschaft mit Anstaltsfunktionen als auch durch eine Anstalt mit gewissen körperschaftlichen Elementen erfolgen. Ich neige persönlich mehr zur Körperschaft.

Dann erhebt sich allerdings die Frage: Wie stellt sich die Universität die Eingliederung der Studenten, die man nicht draußen lassen darf, in diese Körperschaft eigentlich vor? Bisher ist diese Eingliederung der Studenten in die Körperschaft oft nicht mehr als eine konventionelle Aufzählung gewesen. Das gilt übrigens auch für andere Mitglieder der Körperschaft. Wo die Universität ausdrücklich als Körperschaft besteht, werden z. B. auch die Assistenten berücksichtigt werden müssen, die zahlenmäßig eine sehr breite wichtige Schicht darstellen, oder die technischen und nichttechnischen Hilfskräfte. Man muß sich klar darüber werden, wie man diesen ganzen Kreis lebendig und sinnvoll in die Körperschaft einordnen soll. Wir gehen heute von der zentralen Stellung der Ordinariate im deutschen Universitätsleben mit allen daraus sich ergebenden Rechten und Pflichten aus; darauf beruht die Stärke, aber auch manche Schwäche unserer Hochschulen. Es wäre noch viel geistige Arbeit zu leisten, um den richtigen Einbau der anderen mitwirkenden Kräfte zu gestalten. In Honnef war davon die Rede, daß man zu einer Stärkung des korporativen Charakters und des korporativen Bewußtseins der Hochschule und ihrer Mitglieder kommen müsse. Hier ergeben sich viele praktische Fragen für den Verfassungsgeber der Universität. Ist z. B. wirklich der Senat das oberste akademische Gremium oder liegt das Schwergewicht der Autonomie bei den Fakultäten? Wie ist das Verhältnis von Senat zu Fakultäten? Wie ordnen wir die Institute in diese Korporation ein? Können wir bei den Instituten bei der jetzigen rein hierarchischen Gliederung bleiben oder bedürfen die Institute der Beifügung korporativer Elemente oder konstitutioneller Züge? Wie ist die Stellung der Studentenschaft in der Korporation?

Die Technischen Hochschulen sollte man in diesem Zusammenhang gesondert betrachten. Sie haben auch im korporativen Sinne eine eigene Stellung. Die Stellung des Senats der Technischen Hochschule ist z. B. stärker, umfassender und entscheidender als bei der Universität. Das darf auch nicht vergessen werden. Die Fragen, die Herr Professor Fucks andeutete, sind im Bereich der Technischen Hochschule leichter zu lösen als im Bereich der Universität. Daher sind Rückschlüsse auf den Bereich der Universität nicht unbedingt geboten, allerdings auch nicht umgekehrt.

Schließlich glaube ich, daß man die Frage der Mittelverteilung und Mittelbewirtschaftung nicht derart in den Vordergrund der Erörterungen stellen sollte, so wichtig sie sind, da sie zur Sicherung der Freiheit von Forschung und Lehre gehören. Es gibt hier zur Lösung viele Wege und Möglichkeiten, die nach allen Richtungen hin erprobt werden sollten. Es ist aber nicht richtig, diese Fragen so überzubetonen, wie dies zuweilen auch in der Presse geschieht. Ihre richtige Lösung hängt nach meiner Überzeugung weitgehend von der Entwicklung und Reife der Selbstverwaltungsorgane der Hochschule, von dem Stand des korporationsrechtlichen Charakters und Bewußtseins gegenüber dem Partikularismus der Fakultäten und dem Autarkiestreben der Institute ab. Man sollte soweit wie möglich auf eine Mitbestimmung und Mitwirkung der Korporation bei diesen Dingen hinwirken. Welche Stellung dabei ein hauptamtlicher leitender Verwaltungsbeamter einnehmen soll, ist eine Frage, die man nicht einheitlich entscheiden muß. Ob das süddeutsche System das richtige ist, weiß ich nicht. Es legt dem Rektor mehr Arbeit und mehr Pflichten auf als bei uns und macht von vornherein das Rektorat zu einem Amt, zu dem nicht jeder Gelehrter geeignet ist. Das Wichtigste ist, mit den vorhandenen Mitteln das Bestmöglichste für Forschung und Lehre herauszuholen und das Vertrauen innerhalb der akademischen Korporation, und im Verhältnis zum Staat, zum Ministerium und zum Parlament zu festigen und zu bewahren.

Professor Dr. jur. Harry Westermann

Nach den stark ins Grundsätzliche gehenden Erörterungen von Herrn Prof. Scheuner werde ich vom Privatrecht her zu der einen These von Herrn Professor Wolff, nämlich von der Unmöglichkeit der Verbindung von Anstaltsform und Körperschaftsform in einer Institution, etwas sagen. Er hat von dieser These her den zunächst überraschenden Ausweg gefunden, daß Anstalt und Körperschaft in den Universitäten nebeneinander bestehen sollen. Bei Herrn Professor Wolff ist das nicht weiter verwunderlich. Er kommt von der Vorstellung her, daß die Rechtsform und der Rechtsbegriff eine große Bedeutung haben. Hier sehe ich die Dinge etwas anders. Zunächst einmal glaube ich, daß die Rechtsform, oder anders ausgedrückt, die Art der Institution, nicht die hervorragende Bedeutung hat. Ich meine vielmehr, daß jeder Rechtsform eine bestimmte Ordnungsvorstellung zugrunde liegt, sie ist Folge eines bestimmten Ordnungswillens, der aus einer bestimmten Wertung erwächst. Dem entspricht die Rechtsform. Wenn man die Dinge so sieht, dann scheint es mir durchaus möglich zu sein, daß in einer Rechtsinstitution zwei Ordnungselemente vereint werden, daß zwei Wertelemente nebeneinander wirken, so daß man zu Mischformen von zwei Rechtsinstitutionen kommt. Im Privatrecht sind die Probleme etwas anders als im öffentlichen Recht. Die öffentlich-rechtliche Form kann normalerweise vom Gesetzgeber für den Einzelfall geprägt werden. Der Gesetzgeber kann sich dabei über die Institutionsgrenzen hinwegsetzen oder Mischformen schaffen. So kann es zu einer Form der Universität kommen, die anstaltliche und körperschaftliche Elemente hat. Ich komme vom Standpunkt des Privatrechts her in der Betrachtung zu ähnlichen Ergebnissen wie Herr Professor Scheuner. Ich darf auch darauf verweisen, daß es im Privatrecht zumindest eine derartige Mischform gibt. Wir kennen z. B. die Kommanditgesellschaft auf Aktien. Wenn die These von Herrn Professor Wolff richtig wäre, müßte sie entweder Kommanditgesellschaft oder Aktiengesellschaft sein, oder – vom System her gesehen – entweder Personalgesellschaft oder Kapitalgesellschaft. Sie ist aber weder das eine noch das andere, sie ist eben Kommanditgesellschaft auf Aktien. Sie verbindet zwei Elemente, das personelle und das kapitalistische, in einer Institution. Unter diesem Gesichtspunkt würde ich der Ausgangsthese der Unmöglichkeit der Verbindung von Anstalt und Körperschaft widersprechen.

Noch einige wenige Gedanken zu einer Frage, die aufgeworfen worden ist: Können wir diese Körperschaft, die wir vor uns haben, Genossenschaft nennen? Ich fühle mich da als Theoretiker, der sich mit dem Genossenschaftsrecht beschäftigt, besonders angesprochen. Wir sind gewohnt, die Genossenschaft der modernen Zeit auf ganz bestimmte Vorgänge zu beschränken. Nach meiner Auffassung ist es, um der Bezeichnung „Genossenschaft“ einen terminologischen Sinn zu geben, erforderlich, sie Gemeinschaften mit wirtschaftlichen Zwecken vorzubehalten. Das ist bei der Universität nicht der Fall. Man sollte heute die Universität als Körperschaft oder körperschaftsähnlich, aber nicht mehr als Genossenschaft bezeichnen.

Die Frage der körperschaftlichen Natur halte ich nicht für unbedingt abhängig davon, daß die Körperschaft völlig oder überwiegend aus eigenen Mitteln lebt. Man kann durchaus den Körperschaftsgedanken, in dem ich primär die Verantwortlichkeit für die eigenen Geschicke gesichert sehe, verbinden mit der Möglichkeit von erheblichen Zuschüssen der öffentlichen Hand. Das ist da notwendig, wo die Körperschaft nicht nur ihre eigenen Belange wahrnimmt, sondern auch Aufgaben zu erfüllen hat, die im Allgemeininteresse gelöst werden müssen und die sie aus ihren Mitteln nicht zu erfüllen vermag. Ich verweise auf die Deichverbände, die etwa jedes Jahr 70 Millionen verbauen sollen. Es ist unmöglich, die entsprechenden Opfer den Mitgliedern der Körperschaft aufzuerlegen. Aber die Deichverbände erfüllen Aufgaben, die nicht nur die unmittelbar Betroffenen, sondern die uns alle angehen. Es ist deshalb billig, ihnen die erforderlichen Mittel zur Verfügung zu stellen.

Zur Frage der Freiheit der Wissenschaft glaube ich, daß zwischen Herrn Prof. Scheuner und Herrn Professor Wolff im Grunde genommen keine Gegensätze bestehen. Ich würde etwa sagen, was das geltende Recht angeht: Die Dinge, die zur Erhaltung der Freiheit der Wissenschaft erforderlich sind, gehören in die Selbstverwaltung der Universität. Wo wirklich die Grenze im Einzelfall liegt, ist schwer zu sagen. Vielleicht kann man ein Beispiel heranziehen: Der Richter ist unabhängig, was die Rechtsprechung angeht, bezüglich der Verwaltung der Gerichte aber gilt auch für den richterlichen Verwaltungsbeamten das Weisungsrecht des Staates. Die Geschäftsverteilung, die nicht Rechtsprechung ist, ist aber zur Selbstverwaltungsangelegenheit gemacht, um der Funktion der Unabhängigkeit der Gerichte Rechnung zu tragen. Dieser Gedanke müßte für das geltende Recht und sicher das kommende Recht der Universität fruchtbar gemacht werden. Von hier aus würde ich die Frage stellen, ob nicht die Selbstergänzung der Körperschaft der Universität so eng mit ihrer wissenschaftlichen Tätigkeit zusammenhängt, daß man von hier aus ein weitgehendes Mitspracherecht und eine schwerwiegende Mitverantwortung der Universitäten für die Ergänzung bejahen kann und muß.

Die Studenten gehören ganz unzweifelhaft zur Universität. Wir würden die Universität eines ganz wesentlichen Bestandteils berauben, wenn wir nicht alle Immatrikulierten zu vollberechtigten Mitgliedern der Universität machen würden, schon deswegen, um ihnen mit den Rechten die vollen Pflichten des Universitätsbürgers zu geben. Wir würden uns dem Schulcharakter bedenklich nähern, wenn wir zwei Eingänge einführen würden: den Haupteingang für die 20 Lehrer und einen kleinen Nebeneingang für die tausend Schüler.

Professor Dr. agr. Hans Braun

Ich befinde mich in einer ähnlichen Lage wie Sie, Herr Minister, als vor einem Jahre Herr Staatssekretär Brandt Sie bat, in unserer Arbeitsgemeinschaft einige Worte zu reden. Damals wiesen Sie darauf hin, Sie seien 28 Jahre Rechtsanwalt gewesen und erst acht Wochen Minister und verständen infolgedessen von den Dingen unserer Arbeitsgemeinschaft noch nichts. Ich bin seit einer Woche Rektor. Dazu kommt, daß ich nicht Jurist bin, sondern Naturwissenschaftler und noch dazu Pflanzenpathologe. Ich kann also zu den angeschnittenen juristischen Fragen nichts sagen. Herr Kollege Scheuner hat eingangs erwähnt, es wäre erwünscht, daß auch diejenigen sich zum Wort melden würden, die aus dem gegensätzlichen Lager kämen. Ich bedaure, daß Herr Friesenhahn oder Herr Richter nicht zugegen sind.

Als ich vor acht Tagen offiziell die Leitung unserer Universität übernahm, mußte ich, wie es bei uns üblich ist, eine Ansprache halten, für die ich mir Gedanken auf Grund der von uns vorgelegten neuen Verfassung gewählt hatte. Ich bin mir klar geworden, daß die Verfassung so, wie wir sie vorgelegt haben – vielleicht ist die Auffassung etwas kühn und ich bitte, mich nicht falsch zu verstehen –, irgendwie höhere Anforderungen an den Lehrkörper stellt. Ich bin der Meinung, daß, um die Selbstverwaltung wirklich zur vollen Auswirkung kommen zu lassen, eine intensive Mitarbeit des Lehrkörpers erforderlich ist. Sie ist entscheidende Voraussetzung dafür, daß eine Selbstverwaltung der Universität überhaupt funktionieren kann. Als Nichtjurist kann ich mich des Eindrucks nicht erwehren, daß wir vielleicht weiterkommen würden, wenn wir uns nicht nur über juristische Paragraphen und gesetzliche Formulierungen unterhalten, sondern vor allem etwas mehr über die Beziehungen von Mensch zu Mensch sprechen würden. Ich glaube tatsächlich, daß die Wahrung jeder gesetzlichen Ordnung entscheidend davon abhängt, wie sich die Menschen zueinander stellen.

In einem Punkt möchte ich Herrn Wolff ganz entschieden widersprechen. Ich kann es nicht verstehen, wenn immer wieder, noch dazu in den Professorenkreisen selbst, die Behauptung aufgestellt wird, Professoren könnten nicht verwalten. Ich stamme allerdings aus der freien Wirtschaft und habe mit einer kaufmännischen Lehre angefangen. Wenn Professoren nicht verwalten können, dann haben sie eben auf diesem Gebiete zu wenig gelernt. Warum sollten sie es grundsätzlich nicht können? Das mag für manche

Wissenschaftler zutreffen, insbesondere solche, an die Fragen der Verwaltung kaum herantreten. Jeder, der einen Stab von Mitarbeitern hat, der ein großes Institut zu führen hat, muß verwalten können. Ich für meine Person müßte es jedenfalls rundweg ablehnen, wenn mir die Fähigkeit zur Verwaltung bestritten würde. Ich glaube, in der Zusammenarbeit mit den Ministerien wird sich die gegenseitige gute Ergänzung sehr bald zeigen.

Professor Dr.-Ing. Wilhelm Fucks

Um zunächst von dem Vergleich des Vortragenden aus dem Tierreich zu einem Vergleich aus dem Pflanzenreich überzugehen, möchte ich sagen, daß ein Birnbaum in Münster etwas anderes ist als ein Apfelbaum in Aachen, d. h. ich möchte dem Gedanken nicht zustimmen, daß es für alle Hochschulen in Deutschland und noch weniger überall in der Welt nur eine einzige optimale Lösung geben könne. Je nach den Verhältnissen mögen recht verschiedenartige Lösungen als die jeweils günstigsten gefunden werden können. Insbesondere sind die Verhältnisse an den Universitäten und den Technischen Hochschulen recht verschieden. Über diesen letzteren Punkt bestand in einer kleinen Vorbesprechung mit Herrn Kollegen *Wolff* bereits volles Einvernehmen.

Nun möchte ich auf das Thema „Selbstverwaltung" zu sprechen kommen. Hier würde es vielleicht zur Klärung beitragen, einen Unterschied zu machen zwischen dem, was man das Recht der Selbstverwaltung und etwa das Recht der Selbstentscheidung nennen könnte. In der Verfassung des Landes Nordrhein-Westfalen ist vom Selbstverwaltungsrecht der Hochschule die Rede. Das ist in einem gewissen Sinne mißverständlich. Ich möchte meinen, daß die Selbstverwaltungsorgane der Hochschule, d. h. Rektor, Senat, Dekan und Fakultäten, nicht verwalten zu können brauchen, ja, ich möchte sagen, sie sollen gar nicht verwalten. Die eigentliche Verwaltungsarbeit sollte vielmehr von Verwaltungsbeamten durchgeführt werden, die dafür ausgebildet sind. Rektor, Senat, Dekane und Fakultäten sollen aber entscheiden, d. h. in allen überhaupt zur Zuständigkeit der Hochschule gehörigen Fragen das letzte Wort haben. Zu diesen Fragen gehören nach unserer Auffassung in Aachen auch die Aufstellung des gesamten Haushalts, des ordentlichen wie des außerordentlichen, die Durchführung der Haushaltsbesprechungen in den Ministerien und die Verteilung der bewilligten Haushaltsmittel.

So wenig nun also Rektor, Senat, Dekane und Fakultäten in diesen und allen anderen Angelegenheiten verwalten sollten, so wenig sollten die Verwaltungsbeamten der Hochschule mit dem leitenden Verwaltungsbeamten an der Spitze Entscheidungen treffen. Die Legitimation zu Entscheidungen sollte stets eine jährlich wiederholte Wahl seitens derjenigen Gruppe zur Voraussetzung haben, die von den Entscheidungen betroffen ist, also etwa eine Wahl seitens der Fakultät oder des großen Senats. Es sollte also immer nur derjenige über eine Gruppe – populär gesprochen – „zu sagen" haben, der durch einen entsprechenden Wahlakt dieser Gruppe zu seinem Amt berufen worden ist und durch das Vertrauen der Gruppe getragen wird.

Diese scharfe begriffliche Unterscheidung zwischen Selbstverwaltung und Selbstentscheidung bedeutet natürlich keineswegs, daß nicht eine sehr fruchtbare Wechselwirkung zwischen der Hochschulverwaltung und den gewählten Organen im Hochschulleben völlig selbstverständlich sein sollte. Die guten Vorschläge zur Lösung der laufenden und neuer Aufgaben werden dabei manchmal mehr aus dem Kreis der Verwaltung, manchmal mehr aus dem Kreis der gewählten Organe vorgebracht werden. Überhaupt sollten natürlich in der Praxis alle Angelegenheiten innerhalb der Hochschule wie auch zwischen Hochschulen und Ministerien in freundschaftlichem, ja herzlichem Einvernehmen geregelt werden, da ja alle denselben hohen Zielen dienen.

Es mag sein, daß andere Hochschulen zu diesen Fragen in anderer Weise Stellung nehmen werden. Die hier dargelegte Auffassung ist jedenfalls an der Aachener Hochschule seit Jahr und Tag stets vertreten worden. Sie fußt auf einem Status, der seit der Konstituierung der Hochschule als einer akademischen Hochschule mit Rektorverfassung praktisch immer gegeben war.

Professor Dr. phil. Joachim Ritter

Es ist besonders dankenswert, daß Herr *Wolff* sich die Frage nach der Rechtsform, die der Universität angemessen sein soll, nicht durch eine vereinfachende Definition ihrer Aufgabe erleichtert, sondern durch die Herausarbeitung ihrer Mehrdeutigkeit erschwert hat. „Forschung und Lehre" sind nur dann eine Einheit, die eine Institution begründen und tragen kann, wenn die Gemeinschaft der Lehrenden und Lernenden im Sinne Platons und der „Akademie" vorausgesetzt werden kann. Der Staat hat mit der Übernahme der Universität zwar grundsätzlich die Tradition dieser akademischen Einheit als Grundlage der höheren Bildung anerkannt, aber zu dieser

Anerkennung gehört zugleich – und zwar notwendig –, daß sich mit ihr die Aufgabe der Ausbildung für die praktischen Berufe verbindet. Sie enthält Gesichtspunkte, Interessen, Maßstäbe, die nicht durch die akademische Tradition, sondern durch die Erfordernisse der Gesellschaft und des öffentlichen Lebens gesetzt sind. Die Berufsausbildung und die akademische Einheit von Forschung und Lehre stehen daher im Widerspruch zueinander. Die Spannung zwischen ihnen ist für das innere Leben wie für die gesellschaftliche Aufgabe der modernen Universität in gleicher Weise konstitutiv. In diesem Widerspruch steht sie, weil durch ihn ihre Aufgabe bestimmt wird. Man ist in solcher Lage versucht, durch Auflösung des Widerspruchs weiterzukommen. Daß man aber dieser Versuchung zu widerstehen hat, ist durch den Vortrag in eindringlicher Weise deutlich gemacht worden. Das wirkliche Problem auch der Rechtsform ist also positiv durch die Frage zu kennzeichnen, wie dieser für die Universität wesentliche Widerspruch zwischen ihrer akademischen und praktischen Aufgabe nicht aufgehoben, sondern tragbar und fruchtbar gemacht werden kann. Vielleicht ist nur der Staat auf dem Boden der modernen Gesellschaft in der Lage, den Zusammenhang der „freien“ akademischen Bildung mit der „notwendigen“ praktischen Ausbildung zu wahren und so der schlechten Auflösung des Widerspruchs nach der Seite der Praxis hin und damit der Verwandlung der Universität in eine Fachschule entgegenzuwirken.

Die Universitätsreform Humboldts konnte noch außerhalb der Universität die selbstverständliche Gültigkeit akademischer Bildung im Sinn der Einheit von Forschung und Lehre voraussetzen. Diese Voraussetzung kann heute nur noch bedingt gemacht werden. Der Anspruch der gesellschaftlichen Praxis an die Universität wird dringlicher werden. Um so wichtiger wird es sein, daß die Verbindung ihrer Ausbildungsaufgabe mit ihrer akademischen Tradition auch institutionell gewährleistet wird und so in ihr der Widerspruch wirksam bleibt, der durch sie selbst als Universität gegen die Einseitigkeit der gesellschaftlichen Interessen im Felde der Bildung geltend gemacht wird.

Kultusminister a.D. Werner Schütz

Bevor ich Sie, Herr Professor Dr. Wolff, bitte, das Schlußwort zu sprechen, möchte ich aus meiner Erfahrung, die inzwischen von acht Wochen auf 14 Monate gestiegen ist, das folgende sagen:

Die Rechtslage – und da bin ich mit meinem alten Kommilitonen Peters einig – ist ziemlich klar. Sie finden das im Artikel 16 unserer Landesverfassung, in dem es heißt, daß „die Universitäten und diejenigen Hochschulen, die ihnen als Stätten der Forschung und der Lehre gleichstehen, unbeschadet der staatlichen Aufsicht, das Recht auf eine ihrem besonderen Charakter entsprechende Selbstverwaltung im Rahmen der Gesetze und ihrer staatlich anerkannten Satzungen" haben. Unter „staatlich anerkannte Satzungen" würde ich nicht verstehen die Verpflichtung und Befugnis der öffentlich-rechtlichen Körperschaften, sondern ich würde die verstehen, die zur Zeit des Inkrafttretens dieser Verfassung staatlich anerkannt waren. Diese Bestimmung steht unter dem Schutz der Verfassungsänderung und gibt den Universitäten ein subjektives Recht auf Selbstverwaltung.

Das zweite ist, daß ich meinem verehrten Mitarbeiter zustimme, daß jede Universität nach ihrer Geschichte und ihrer Struktur, auch ihrer personellen Struktur, sich ihre Verfassung selbst geben sollte, daß es von Staats wegen keine Schablone geben sollte. Wir haben das von Anfang an vertreten und vertreten das noch heute und bitten die Hochschulen des Landes, davon weitgehend Gebrauch zu machen. Die Universitätsverfassungen des Landes brauchen sich nicht zu decken. Wenn man das Gegenteil wünscht, glaube ich, treibt man einem Länderzentralismus zu, den es auch gibt und der in Bayern die sonderbarsten Blüten zeigt. Wir sollten uns ferner davor hüten, bei der Betrachtung des Problems Parallelen zu den kommunalen Gebietskörperschaften oder Parallelen zu den Kirchen zu ziehen. Hier sind die Strukturen völlig verschieden. Ich darf die Staatsrechtslehrer daran erinnern, daß es im Verfassungsausschuß der Weimarer Zeit abgelehnt wurde, eine einheitliche Definition für öffentlich-rechtliche Körperschaften zu geben. Die Universitäten sind öffentlich-rechtliche Körperschaften. Die kirchlichen Körperschaften haben das Recht, ihre Tätigkeit von heute auf morgen einzustellen, wenn sie z. B. Jesus Christus nicht mehr verehren wollen. Die Universitäten können das nicht; sie sind kraft Gesetzes als öffentlich-rechtliche Körperschaften dem Staat zur Erfüllung ihrer Obliegenheiten verpflichtet. Das ist klar. Ich wäre sehr glücklich und dankbar, wenn wir diese Sonderstellung der Universitäten in Zukunft mehr und mehr gemeinschaftlich zum Schutze der Universitäten herausarbeiteten.

Zum Schluß knüpfe ich an ein Wort von Herrn Professor Dr. Braun an: „von Mensch zu Mensch". Ich bin der Meinung, daß wir uns beide hüten sollten, nach Selbstverwaltung und Staatsverwaltung unsere Beziehungen zu sehr zu regeln. Es gibt Lebensgebiete, die spotten der gesetzlichen Regelung.

Das wurde außerordentlich deutlich, als man die Frage der Gleichberechtigung von Mann und Frau in Bonn zu erörtern begann, und als die Erörterung geradezu groteske Formen annahm, in welchen Einzelheiten des Verhältnisses zwischen Mann und Frau und zwischen Eltern und Kindern die Regelung stattfinden sollte. Es wurden gerade von rechtspositivistischer Seite her Vorschläge gemacht, die über die Reglementierung des „Dritten Reiches" weit hinausgingen. Das Glück der Ehe kann nur erhalten werden, wenn es jenseits des Gesetzlichen geregelt liegt und wenn anerkannt wird, daß es einfach bestimmte Gebiete innerster Art gibt. Auf dem Gebiet des Familienlebens wie auch auf dem Gebiet des Geistes, der Forschung und der Lehre kann nur von Fall zu Fall durch Zusammenarbeit und jetzt von Mensch zu Mensch eine Regelung erfolgen. Je mehr wir uns davon leiten lassen, um so besser wird es sein.

Professor Dr. jur. Hans J. Wolff

dankte in seinem Schlußwort für die wertvollen Ergänzungen, die seine Ausführungen in der Diskussion erfahren haben. Besonders wichtig sei ihm die Zurückführung der rechtlichen Doppelgestalt der Universität auf ihre zwiefache Aufgabe gewesen, auf die Herr Prof. Dr. Ritter hingewiesen hatte. Er fuhr fort:

Soweit mir widersprochen wurde, hat man mich noch nicht überzeugt. Es scheint mir jedoch, daß kaum echte kontradiktorische Widersprüche vorliegen. Denn darüber herrscht ja Übereinstimmung, daß die rechtliche Gestalt „der Universität" sowohl anstaltliche (Staatsverwaltungs-), als auch körperschaftliche (Selbstverwaltungs-) Züge aufweist. Die Frage ist nur, wie diese beiden Gestaltungsformen zusammengefügt sind; ob sie, wie meine Kritiker meinen, ineinandergepaßt sind, oder ob sie, wie ich meine, verbunden nebeneinander stehen. Ich bestreite nicht, daß es unreine Körperschaften gibt, die nur dank staatlicher oder kommunaler Bezuschussung zu existieren vermögen (wie z. B. die Deichverbände und wie in gewissem Maße auch die Universitäts-Körperschaften ohne Kuratorialverfassung). Umgekehrt gibt es Anstalten mit Organen, in denen die Destinatäre repräsentiert sind, und die ein weitgehendes Selbstverwaltungsrecht haben (z. B. die sogenannte Selbstverwaltung in den Sozialversicherungsanstalten und die österreichischen Universitäten). Man mag dann von „Mischformen" reden: es *sind* aber entweder Körperschaften oder Anstalten; und die deutschen

Universitäten mit oder ohne Kuratorialverfassung sind beides nebeneinander. Wenn das nicht gesehen wurde, so wohl deshalb, weil man Körperschaftlichkeit und Anstaltlichkeit als Typen ansieht, wie z. B. Kapitalgesellschaftlichkeit und Personalgesellschaftlichkeit, die als lediglich konträre Unterschiede ineinander übergehen können. Damit wird man jedoch der Aufgabe juristischer Konstruktion nicht gerecht, zumal ich nicht sehe, wie man dann zu einer brauchbaren Abgrenzung von Körperschaft und Anstalt kommen kann. Dem gegenüber habe ich beide Rechtsformen klassifikatorisch und sogar kontradiktorisch definiert, sie nämlich danach unterschieden, ob die Organisation von Mitgliedern getragen wird oder nicht. Eine „Mischform" in dem Sinne eines Ineinander beider Rechtsformen ist dann nicht mehr möglich. Sie ist auch nicht nötig, denn diese Konstruktion des verbundenen Nebeneinander macht die heute gegebene Rechtslage klarer und übersichtlicher als eine typologisierende Deutung des Sowohl-als-auch[1].

[1] Daß die in dem Vortrage bei II f geschilderte Verbindung einer Anstalt mit einer Körperschaft rechtlich nicht möglich sei, ist nicht behauptet worden und auch schwerlich zu begründen. Daß, umgekehrt, eine Körperschaft, z. B. der Staat oder eine Gemeinde, eine Anstalt unterhält, ohne darum mit ihr identisch zu sein, kommt tatsächlich oft vor und bietet keinerlei konstruktive Schwierigkeiten.

VERÖFFENTLICHUNGEN DER ARBEITSGEMEINSCHAFT FÜR FORSCHUNG DES LANDES NORDRHEIN-WESTFALEN

NATURWISSENSCHAFTEN

HEFT 1

Prof. Dr.-Ing. Friedrich Seewald, Aachen
Neue Entwicklungen auf dem Gebiet der Antriebsmaschinen

Prof. Dr.-Ing. Friedrich A. F. Schmidt, Aachen
Technischer Stand und Zukunftsaussichten der Verbrennungsmaschinen, insbesondere der Gasturbinen

Dr.-Ing. Rudolf Friedrich, Mülheim (Ruhr)
Möglichkeiten und Voraussetzungen der industriellen Verwertung der Gasturbine

1951, 52 Seiten, 15 Abb., kartoniert, DM 2,75

HEFT 2

Prof. Dr.-Ing. Wolfgang Riezler, Bonn
Probleme der Kernphysik

Prof. Dr. Fritz Micheel, Münster
Isotope als Forschungsmittel in der Chemie und Biochemie

1951, 40 Seiten, 10 Abb., kartoniert, DM 2,40

HEFT 3

Prof. Dr. Emil Lehnartz, Münster
Der Chemismus der Muskelmaschine

Prof. Dr. Gunther Lehmann, Dortmund
Physiologische Forschung als Voraussetzung der Bestgestaltung der menschlichen Arbeit

Prof. Dr. Heinrich Kraut, Dortmund
Ernährung und Leistungsfähigkeit

1951, 60 Seiten, 35 Abb., kartoniert, DM 3,50

HEFT 4

Prof. Dr. Franz Wever, Düsseldorf
Aufgaben der Eisenforschung

Prof. Dr.-Ing. Hermann Schenck, Aachen
Entwicklungslinien des deutschen Eisenhüttenwesens

Prof. Dr.-Ing. Max Haas, Aachen
Wirtschaftliche Bedeutung der Leichtmetalle und ihre Entwicklungsmöglichkeiten

1952, 60 Seiten, 20 Abb., kartoniert, DM 3,50

HEFT 5

Prof. Dr. Walter Kikuth, Düsseldorf
Virusforschung

Prof. Dr. Rolf Danneel, Bonn
Fortschritte der Krebsforschung

Prof. Dr. Dr. Werner Schulemann, Bonn
Wirtschaftliche und organisatorische Gesichtspunkte für die Verbesserung unserer Hochschulforschung

1952, 50 Seiten, 2 Abb., kartoniert, DM 2,75

HEFT 6

Prof. Dr. Walter Weizel, Bonn
Die gegenwärtige Situation der Grundlagenforschung in der Physik

Prof. Dr. Siegfried Strugger, Münster
Das Duplikantenproblem in der Biologie

Direktor Dr. Fritz Gummert, Essen
Überlegungen zu den Faktoren Raum und Zeit im biologischen Geschehen und Möglichkeiten einer Nutzanwendung

1952, 64 Seiten, 20 Abb., kartoniert, DM 3,—

HEFT 7

Prof. Dr.-Ing. August Götte, Aachen
Steinkohle als Rohstoff und Energiequelle

Prof. Dr. Dr. E. h. Karl Ziegler, Mülheim (Ruhr)
Über Arbeiten des Max-Planck-Institutes für Kohlenforschung

1953, 66 Seiten, 4 Abb., kartoniert, DM 3,60

HEFT 8

Prof. Dr.-Ing. Wilhelm Fucks, Aachen
Die Naturwissenschaft, die Technik und der Mensch

Prof. Dr. Walther Hoffmann, Münster
Wirtschaftliche und soziologische Probleme des technischen Fortschritts

1952, 84 Seiten, 12 Abb., kartoniert, DM 4,80

HEFT 9

Prof. Dr.-Ing. Franz Bollenrath, Aachen
Zur Entwicklung warmfester Werkstoffe

Prof. Dr. Heinrich Kaiser, Dortmund
Stand spektralanalytischer Prüfverfahren und Folgerung für deutsche Verhältnisse

1952, 100 Seiten, 62 Abb., kartoniert, DM 6,—

HEFT 10

Prof. Dr. Hans Braun, Bonn
Möglichkeiten und Grenzen der Resistenzzüchtung

Prof. Dr.-Ing. Carl Heinrich Dencker, Bonn
Der Weg der Landwirtschaft von der Energieautarkie zur Fremdenergie

1952, 74 Seiten, 23 Abb., kartoniert, DM 4,30

HEFT 11

Prof. Dr.-Ing. Herwart Opitz, Aachen
Entwicklungslinien der Fertigungstechnik in der Metallbearbeitung

Prof. Dr.-Ing. Karl Krekeler, Aachen
Stand und Aussichten der schweißtechnischen Fertigungsverfahren

1952, 72 Seiten, 49 Abb., kartoniert, DM 5,—

HEFT 12

Dr. Hermann Rathert, Wuppertal-Elberfeld
Entwicklung auf dem Gebiet der Chemiefaser-Herstellung

Prof. Dr. Wilhelm Weltzien, Krefeld
Rohstoff und Veredlung in der Textilwirtschaft

1952, 84 Seiten, 29 Abb., kartoniert, DM 4,80

HEFT 13

Dr.-Ing. E. h. Karl Herz, Frankfurt a. M.
Die technischen Entwicklungstendenzen im elektrischen Nachrichtenwesen

Staatssekretär Prof. Leo Brandt, Düsseldorf
Navigation und Luftsicherung

1952, 102 Seiten, 97 Abb., kartoniert, DM 7,25

HEFT 14

Prof. Dr. Burckhardt Helferich, Bonn
Stand der Enzymchemie und ihre Bedeutung

Prof. Dr. Hugo Wilhelm Knipping, Köln
Ausschnitt aus der klinischen Carcinomforschung am Beispiel des Lungenkrebses

1952, 72 Seiten, 12 Abb., kartoniert, DM 4,30

HEFT 15

Prof. Dr. Abraham Esau †, Aachen
Ortung mit elektrischen und Ultraschallwellen in Technik und Natur

Prof. Dr.-Ing. Eugen Flegler, Aachen
Die ferromagnetischen Werkstoffe der Elektrotechnik und ihre neueste Entwicklung

1953, 84 Seiten, 25 Abb., kartoniert, DM 4,80

HEFT 16

Prof. Dr. Rudolf Seyffert, Köln
Die Problematik der Distribution

Prof. Dr. Theodor Beste, Köln
Der Leistungslohn

1952, 70 Seiten, 1 Abb., kartoniert, DM 3,50

HEFT 17

Prof. Dr.-Ing. Friedrich Seewald, Aachen
Luftfahrtforschung in Deutschland und ihre Bedeutung für die allgemeine Technik

Prof. Dr.-Ing. Edouard Houdremont, Essen
Art und Organisation der Forschung in einem Industrieforschungsinstitut der Eisenindustrie

1953, 90 Seiten, 4 Abb., kartoniert, DM 4,20

HEFT 18

Prof. Dr. Dr. Werner Schulemann, Bonn
Theorie und Praxis pharmakologischer Forschung

Prof. Dr. Wilhelm Groth, Bonn
Technische Verfahren zur Isotopentrennung

1953, 72 Seiten, 17 Abb., kartoniert, DM 4,—

HEFT 19

Dipl.-Ing. Kurt Traenckner, Essen
Entwicklungstendenzen der Gaserzeugung

1953, 26 Seiten, 12 Abb., kartoniert, DM 1,60

HEFT 20

M. Zvegintzow, London
Wissenschaftliche Forschung und die Auswertung ihrer Ergebnisse
Ziel und Tätigkeit der National Research Development Corporation

Dr. Alexander King, London
Wissenschaft und internationale Beziehungen

1954, 88 Seiten, kartoniert, DM 4,20

HEFT 21

Prof. Dr. Robert Schwarz, Aachen
Wesen und Bedeutung der Silicium-Chemie

Prof. Dr. Dr. h. c. Kurt Alder, Köln
Fortschritte in der Synthese von Kohlenstoffverbindungen

1954, 76 Seiten, 49 Abb., kartoniert, DM 4,—

HEFT 21a

Prof. Dr. Dr. h. c. Otto Hahn, Göttingen
Die Bedeutung der Grundlagenforschung für die Wirtschaft

Prof. Dr. Siegfried Strugger, Münster
Die Erforschung des Wasser- und Nährsalztransportes im Pflanzenkörper mit Hilfe der fluoreszenzmikroskopischen Kinematographie

1953, 74 Seiten, 26 Abb., kartoniert, DM 5,—

HEFT 22

Prof. Dr. Johannes von Allesch, Göttingen
Die Bedeutung der Psychologie im öffentlichen Leben

Prof. Dr. Otto Graf, Dortmund
Triebfedern menschlicher Leistung

1953, 80 Seiten, 19 Abb., kartoniert, DM 4,—

HEFT 23

Prof. Dr. Dr. h. c. Bruno Kuske, Köln
Zur Problematik der wirtschaftswissenschaftlichen Raumforschung

Prof. Dr. Dr.-Ing. E. h. Stephan Prager, Düsseldorf
Städtebau und Landesplanung

1954, 84 Seiten, kartoniert, DM 3,50

HEFT 24

Prof. Dr. Rolf Danneel, Bonn
Über die Wirkungsweise der Erbfaktoren

Prof. Dr. Kurt Herzog, Krefeld
Bewegungsbedarf der menschlichen Gliedmaßengelenke bei der Berufsarbeit

1953, 76 Seiten, 18 Abb., kartoniert, DM 4,—

HEFT 25

Prof. Dr. Otto Haxel, Heidelberg
Energiegewinnung aus Kernprozessen

Dr.-Ing. Dr. Max Wolf, Düsseldorf
Gegenwartsprobleme der energiewirtschaftlichen Forschung

1953, 98 Seiten, 27 Abb., kartoniert, DM 5,25

HEFT 26

Prof. Dr. Friedrich Becker, Bonn
Ultrakurzwellenstrahlung aus dem Weltraum

Dr. Hans Straßl, Bonn
Bemerkenswerte Doppelsterne und das Problem der Sternentwicklung

1954, 70 Seiten, 8 Abb., kartoniert, DM 3,60

HEFT 27

Prof. Dr. Heinrich Behnke, Münster
Der Strukturwandel der Mathematik in der ersten Hälfte des 20. Jahrhunderts

Prof. Dr. Emanuel Sperner, Hamburg
Eine mathematische Analyse der Luftdruckverteilungen in großen Gebieten

1956, 96 Seiten, 12 Abb, 5 Tab., kartoniert, DM 5,—

HEFT 28

Prof. Dr. Oskar Niemczyk, Aachen
Die Problematik gebirgsmechanischer Vorgänge im Steinkohlenbergbau

Prof. Dr. Wilhelm Ahrens, Krefeld
Die Bedeutung geologischer Forschung für die Wirtschaft, besonders in Nordrhein-Westfalen

1955, 96 Seiten, 12 Abb., kartoniert, DM 5,25

HEFT 29

Prof. Dr. Bernhard Rensch, Münster
Das Problem der Residuen bei Lernleistungen

Prof. Dr. Hermann Fink, Köln
Über Leberschäden bei der Bestimmung des biologischen Wertes verschiedener Eiweiße von Mikroorganismen

1954, 96 Seiten, 23 Abb., kartoniert, DM 5,25

HEFT 30

Prof. Dr.-Ing. Friedrich Seewald, Aachen
Forschungen auf dem Gebiete der Aerodynamik

Prof. Dr.-Ing. Karl Leist, Aachen
Einige Forschungsarbeiten aus der Gasturbinentechnik

1955, 98 Seiten, 45 Abb., kartoniert, DM 7,—

HEFT 31

Prof. Dr.-Ing. Dr. h. c. Fritz Mietzsch, Wuppertal
Chemie und wirtschaftliche Bedeutung der Sulfonamide

Prof. Dr. Dr. h. c. Gerhard Domagk, Wuppertal
Die experimentellen Grundlagen der bakteriellen Infektionen

1954, 82 Seiten, 2 Abb., kartoniert, DM 4,—

HEFT 32

Prof. Dr. Hans Braun, Bonn
Die Verschleppung von Pflanzenkrankheiten und -schädigungen über die Welt

Prof. Dr. Wilhelm Rudorf, Voldagsen
Der Beitrag von Genetik und Züchtung zur Bekämpfung von Viruskrankheiten der Nutzpflanzen

1953, 88 Seiten, 36 Abb., kartoniert, DM 5,—

HEFT 33

Prof. Dr.-Ing. Volker Aschoff, Aachen
Probleme der elektroakustischen Einkanalübertragung

Prof. Dr.-Ing. Herbert Döring, Aachen
Erzeugung und Verstärkung von Mikrowellen

1954, 74 Seiten, 23 Abb., kartoniert, DM 4,30

HEFT 34

Geheimrat Prof. Dr. Dr. Rudolf Schenck, Aachen
Bedingungen und Gang der Kohlenhydratsynthese im Licht

Prof. Dr. Emil Lehnartz, Münster
Die Endstufen des Stoffabbaues im Organismus

1954, 80 Seiten, 11 Abb., kartoniert, DM 4,20

HEFT 35

Prof. Dr.-Ing. Hermann Schenck, Aachen
Gegenwartsprobleme der Eisenindustrie in Deutschland

Prof. Dr.-Ing. Eugen Piwowarsky †, Aachen
Gelöste und ungelöste Probleme im Gießereiwesen

1954, 110 Seiten, 67 Abb., kartoniert, DM 6,50

HEFT 36

Prof. Dr. Wolfgang Riezler, Bonn
Teilchenbeschleuniger

Prof. Dr. Gerhard Schubert, Hamburg
Anwendung neuer Strahlenquellen in der Krebstherapie

1954, 104 Seiten, 43 Abb., kartoniert, DM 7,—

HEFT 37

Prof. Dr. Franz Lotze, Münster
Probleme der Gebirgsbildung

Bergwerksdirektor Bergassessor a.D. G. Rauschenbach, Essen
Die Erhaltung der Förderungskapazität des Ruhrbergbaues auf lange Sicht

in Vorbereitung

HEFT 38

Dr. E. Colin Cherry, London
Kybernetik

Prof. Dr. Erich Pietsch, Clausthal-Zellerfeld
Dokumentation und mechanisches Gedächtnis — zur Frage der Ökonomie der geistigen Arbeit

1954, 108 Seiten, 31 Abb., kartoniert, DM 5,25

HEFT 39

Dr. Heinz Haase, Hamburg
Infrarot und seine technischen Anwendungen

Prof. Dr. Abraham Esau †, Aachen
Ultraschall und seine technischen Anwendungen

1955, 80 Seiten, 25 Abb., kartoniert, DM 4,80

HEFT 40

Bergassessor Fritz Lange, Bochum-Hordel
Die wirtschaftliche und soziale Bedeutung der Silikose im Bergbau

Prof. Dr. Walter Kikuth, Düsseldorf
Die Entstehung der Silikose und ihre Verhütungsmaßnahmen

1954, 120 Seiten, 40 Abb., kartoniert, DM 7,25

HEFT 40a

Prof. Dr. Eberhard Gross, Bonn
Berufskrebs und Krebsforschung

Prof. Dr. Hugo Wilhelm Knipping, Köln
Die Situation der Krebsforschung vom Standpunkt der Klinik

1955, 88 Seiten, 31 Abb., kartoniert, DM 5,—

HEFT 41

Direktor Dr.-Ing. Gustav-Victor Lachmann, London
An einer neuen Entwicklungsschwelle im Flugzeugbau

Direktor Dr.-Ing. A. Gerber, Zürich-Oerlikon
Stand der Entwicklung der Raketen- und Lenktechnik

1955, 88 Seiten, 44 Abb., kartoniert, DM 6,—

HEFT 42

Prof. Dr. Theodor Kraus, Köln
Lokalisationsphänomene und Raumordnung vom Standpunkt der geographischen Wissenschaft

Direktor Dr. Fritz Gummert, Essen
Vom Ernährungsversuchsfeld der Kohlenstoffbiologischen Forschungsstation Essen

in Vorbereitung

HEFT 42a

Prof. Dr. Dr. h. c. Gerhard Domagk, Wuppertal
Fortschritte auf dem Gebiet der experimentellen Krebsforschung

1954, 46 Seiten, kartoniert, DM 2,—

HEFT 43

Prof. Giovanni Lampariello, Rom
Über Leben und Werk von Heinrich Hertz

Prof. Dr. Walter Weizel, Bonn
Über das Problem der Kausalität in der Physik

1955, 76 Seiten, kartoniert, DM 3,30

HEFT 43a

Prof. Dr. José Mª Albareda, Madrid
Die Entwicklung der Forschung in Spanien

1956, 68 Seiten, 18 Abb., kartoniert, DM 4,—

HEFT 44

Prof. Dr. Burckhardt Helferich, Bonn
Über Glykoside

Prof. Dr. Fritz Micheel, Münster
Kohlenhydrat-Eiweiß-Verbindungen und ihre biochemische Bedeutung

1956, 70 Seiten, 67 Abb., kartoniert, DM 4,60

HEFT 45

Prof. Dr. John von Neumann, Princeton, USA
Entwicklung und Ausnutzung neuerer mathematischer Maschinen

Prof. Dr. E. Stiefel, Zürich
Rechenautomaten im Dienste der Technik mit Beispielen aus dem Züricher Institut für angewandte Mathematik

1955, 74 Seiten, 6 Abb., kartoniert, DM 3,50

HEFT 46

Prof. Dr. Wilhelm Weltzien, Krefeld
Ausblick auf die Entwicklung synthetischer Fasern

Prof. Dr. Walther Hoffmann, Münster
Wachstumsformen der Industriewirtschaft

in Vorbereitung

18 NEUE FORSCHUNGSSTELLEN

im Land Nordrhein-Westfalen

1954, 176 Seiten, 70 Abb., kartoniert, DM 10,—

HEFT 47

Staatssekretär Prof. Leo Brandt, Düsseldorf
Die praktische Förderung der Forschung in Nordrhein-Westfalen

Prof. Dr. Ludwig Raiser, Bad Godesberg
Die Förderung der angewandten Forschung durch die Deutsche Forschungsgemeinschaft

in Vorbereitung

HEFT 48

Dr. Hermann Tromp, Rom
Bestandsaufnahme der Wälder der Welt als internationale und wissenschaftliche Aufgabe

Prof. Dr. Franz Heske, Schloß Reinbek
Die Wohlfahrtswirkungen des Waldes als internationales Problem

in Vorbereitung

HEFT 49

Präsident Dr. G. Böhnecke, Hamburg
Zeitfragen der Ozeanographie

Reg.-Direktor Dr. H. Gabler, Hamburg
Nautische Technik und Schiffssicherheit

1955, 120 Seiten, 49 Abb., kartoniert, DM 7,50

HEFT 50

Prof. Dr.-Ing. Friedrich A. F. Schmidt, Aachen
Probleme der Selbstzündung und Verbrennung bei der Entwicklung der Hochleistungskraftmaschinen

Prof. Dr.-Ing. A. W. Quick, Aachen
Ein Verfahren zur Untersuchung des Austauschvorganges in verwirbelten Strömungen hinter Körpern mit abgelöster Strömung

1956, 88 Seiten, 38 Abb., kartoniert, DM 6,20

HEFT 51

Prof. Dr. Siegfried Strugger, Münster
Struktur, Entwicklungsgeschichte und Physiologie der Chloroplasten

Direktor Dr. J. Pätzold, Erlangen
Therapeutische Anwendung mechanischer und elektrischer Energie

in Vorbereitung

HEFT 52

Mr. F. A. W. Patmore, London
Der Air Registration Board und seine Aufgaben im Dienst der britischen Flugzeugindustrie

Prof. A. D. Young, Cranfield
Gestaltung der Lehrtätigkeit in der Luftfahrttechnik in Großbritannien

1956, 92 Seiten, 16 Abb., kartoniert, DM 4,65

JAHRESFEIER 1955

Prof. Dr. Josef Pieper, Münster
Über den Philosophie-Begriff Platons

Prof. Dr. Walter Weizel, Bonn
Die Mathematik und die physikalische Realität

1955, 62 Seiten, kartoniert, DM 2,90

HEFT 52a

Dr. D. C. Martin, London
Geschichte und Organisation der Royal Society

Dr. Roux, Südafrika
Probleme der wissenschaftlichen Forschung in der Südafrikanischen Union

in Vorbereitung

HEFT 53

Prof. Dr.-Ing. Georg Schnadel, Hamburg
Forschungsaufgaben zur Untersuchung der Festigkeitsprobleme im Schiffsbau

Prof. Dipl.-Ing. Wilhelm Sturtzel, Duisburg
Forschungsaufgaben zur Untersuchung der Widerstandsprobleme im Schiffsbau

in Vorbereitung

HEFT 53a

Prof. Giovanni Lampariello, Rom
Von Galilei zu Einstein

1956, 92 Seiten, kartoniert, DM 4,20

HEFT 54

Prof. Dr. Julius Bartels, Göttingen
Sonne und Erde — das Thema des internationalen geophysikalischen Jahres

Direktor Dr. Walter Dieminger, Lindau/Harz
Ionosphäre und drahtloser Weitverkehr

in Vorbereitung

HEFT 54a

Sir John Cockcroft, London
Die friedliche Anwendung der Atomenergie

1956, 42 Seiten, 26 Abb., kartoniert

HEFT 55

Prof. Dr.-Ing. Fritz Schultz-Grunow, Aachen
Das Kriechen und Fließen hochzäher und plastischer Stoffe

Prof. Dr.-Ing. Hans Ebner, Aachen
Wege und Ziele der Festigkeitsforschung besonders im Hinblick auf den Leichtbau

in Vorbereitung

HEFT 56

Prof. Dr. Ernst Derra, Düsseldorf
Der Entwicklungsstand der Herzchirurgie

Prof. Dr. Gunther Lehmann, Dortmund
Muskelarbeit und Muskelermüdung in Theorie und Praxis

in Vorbereitung

HEFT 57

Prof. Dr. Theodor von Kármán, Pasadena
Freiheit und Organisation in der Luftfahrtforschung

Staatssekretär Prof. Leo Brandt, Düsseldorf
Bericht über den Wiederbeginn deutscher Luftfahrtforschung

in Vorbereitung

HEFT 58

Prof. Dr. Fritz Schröter, Ulm
Neue Forschungs- und Entwicklungsrichtungen im Fernsehen

Prof. Dr. Albert Narath, Berlin
Der gegenwärtige Stand der Filmtechnik

1956, 92 Seiten, 16 Abb., kartoniert

HEFT 59

Prof. Dr. Richard Courant, New York
Die Bedeutung der modernen mathematischen Rechenmaschinen für mathematische Probleme der Hydrodynamik und Reaktortechnik
Prof. Dr Ernst Peschl, Bonn
Die Rolle der komplexen Zahlen in der Mathematik und die Bedeutung der komplexen Analysis
in Vorbereitung

HEFT 60

Prof. Dr. Wolfgang Flaig, Braunschweig
Grundlagenforschung auf dem Gebiet des Humus und der Bodenfruchtbarkeit
Prof. Dr. Dr. Eduard Mückenhausen, Bonn
Typologische Bodenentwicklung und Bodenfruchtbarkeit
in Vorbereitung

HEFT 61

Dr. Klaus Oswatitsch, Aachen
Gelöste und ungelöste Probleme der Gasdynamik
Prof. Dr. W. Georgii, München
Aerophysikalische Flugforschung
in Vorbereitung

HEFT 62

Prof. Dr. A. Butenandt, Tübingen
Über die Analyse der Erbfaktorenwirkung und ihre Bedeutung für biochemische Fragestellungen
Prof. Dr. J. Straub, Köln
Quantitative Genwirkung bei Polyploiden
in Vorbereitung

GEISTESWISSENSCHAFTEN

HEFT 1

Prof. Dr. Werner Richter, Bonn
Die Bedeutung der Geisteswissenschaften für die Bildung unserer Zeit
Prof. Dr. Joachim Ritter, Münster
Die aristotelische Lehre vom Ursprung und Sinn der Theorie
1953, 64 Seiten, kartoniert, DM 2,90

HEFT 2

Prof. Dr. Josef Kroll, Köln
Elysium
Prof. Dr. Günther Jachmann, Köln
Die vierte Ekloge Vergils
1953, 72 Seiten, kartoniert, DM 2,90

HEFT 3

Prof. Dr. Hans Erich Stier, Münster
Die klassische Demokratie
1954, 100 Seiten, kartoniert, DM 4,50

HEFT 4

Prof. Dr. Werner Caskel, Köln
Lihyan und Lihyanisch. Sprache und Kultur eines früharabischen Königreiches
1954, 168 Seiten, 6 Abb., kartoniert, DM 8,25

HEFT 5

Prof. Dr. Thomas Ohm, Münster
Stammesreligionen im südlichen Tanganyika-Territorium
1953, 80 Seiten, 25 Abb., kartoniert, DM 8,—

HEFT 6

Prälat Prof. Dr. Dr. h. c. Georg Schreiber, Münster
Deutsche Wissenschaftspolitik von Bismarck bis zum Atomwissenschaftler Otto Hahn
1954, 102 Seiten, 7 Abb., kartoniert, DM 5,—

HEFT 7

Prof. Dr. Walter Holtzmann, Bonn
Das mittelalterliche Imperium und die werdenden Nationen
1953, 28 Seiten, kartoniert, DM 1,30

HEFT 8

Prof. Dr. Werner Caskel, Köln
Die Bedeutung der Beduinen in der Geschichte der Araber
1954, 44 Seiten, kartoniert, DM 2,—

HEFT 9

Prälat Prof. Dr. Dr. h. c. Georg Schreiber, Münster
Irland im deutschen und abendländischen Sakralraum
1956, 128 Seiten, 20 Abb., kartoniert, DM 9,—

HEFT 10

Prof. Dr. Peter Rassow, Köln
Forschungen zur Reichsidee im 16. und 17. Jahrhundert
1955, 32 Seiten, kartoniert, DM 1,50

HEFT 11

Prof. Dr. Hans Erich Stier, Münster
Roms Aufstieg zur Weltherrschaft
in Vorbereitung

HEFT 12

Prof. D. Karl Heinrich Rengstorf, Münster
Mann und Frau im Urchristentum
Prof. Dr. Hermann Conrad, Bonn
Grundprobleme einer Reform des Familienrechts
1954, 106 Seiten, kartoniert, DM 4,50

HEFT 13

Prof. Dr. Max Braubach, Bonn
Der Weg zum 20. Juli 1944
1953, 48 Seiten, kartoniert, DM 2,20

HEFT 14

Prof. Dr. Paul Hübinger, Münster
Das deutsch-französische Verhältnis und seine mittelalterlichen Grundlagen
in Vorbereitung

HEFT 15

Prof. Dr. Franz Steinbach, Bonn
Der geschichtliche Weg des wirtschaftenden Menschen in die soziale Freiheit und politische Verantwortung
1954, 76 Seiten, kartoniert, DM 2,90

HEFT 16

Prof. Dr. Josef Koch, Köln
Die Ars coniecturalis des Nikolaus von Cues
1956, 56 Seiten, 2 Abb., kartoniert, DM 2,90

HEFT 17
Prof. Dr. James Conant,
US-Hochkommissar für Deutschland
Staatsbürger und Wissenschaftler
Prof. D. Karl Heinrich Rengstorf, Münster
Antike und Christentum
1953, 48 Seiten, 2 Abb., kartoniert, DM 2,90

HEFT 18
Prof. Dr. Richard Alewyn, Köln
Klopstocks Publikum
in Vorbereitung

HEFT 19
Prof. Dr. Fritz Schalk, Köln
Das Lächerliche in der französischen Literatur des Ancien Régime
1954, 42 Seiten, kartoniert, DM 2,—

HEFT 20
Prof. Dr. Ludwig Raiser, Bad Godesberg
Rechtsfragen der Mitbestimmung
1954, 48 Seiten, kartoniert, DM 2,—

HEFT 21
Prof. D. Martin Noth, Bonn
Das Geschichtsverständnis der alttestamentlichen Apokalyptik
1953, 36 Seiten, kartoniert, DM 1,60

HEFT 22
Prof. Dr. Walter F. Schirmer, Bonn
Glück und Ende des Königs in Shakespeares Historien
1954, 32 Seiten, kartoniert, DM 1,50

HEFT 23
Prof. Dr. Günther Jachmann, Köln
Der homerische Schiffskatalog und die Ilias
in Vorbereitung

HEFT 24
Prof. Dr. Theodor Klauser, Bonn
Die römischen Petrustraditionen im Lichte der neuen Ausgrabungen unter der Peterskirche
in Vorbereitung

HEFT 25
Prof. Dr. Hans Peters, Köln
Die Gewaltentrennung in moderner Sicht
1955, 48 Seiten, kartoniert, DM 2,20

HEFT 26
Prof. Dr. Fritz Schalk, Köln
Calderon und die Mythologie
in Vorbereitung

HEFT 27
Prof. Dr. Josef Kroll, Köln
Vom Leben geflügelter Worte
in Vorbereitung

HEFT 28
Prof. Dr. Thomas Ohm, Münster
Die Religionen in Asien
1954, 50 Seiten, 4 Abb., kartoniert, DM 5,—

HEFT 29
Prof. Dr. Johann Leo Weisgerber, Bonn
Die Ordnung der Sprache im persönlichen und öffentlichen Leben
1955, 64 Seiten, kartoniert, DM 2,90

HEFT 30
Prof. Dr. Werner Caskel, Köln
Entdeckungen in Arabien
1954, 44 Seiten, kartoniert, DM 2,—

HEFT 31
Prof. Dr. Max Braubach, Bonn
Entstehung und Entwicklung der landesgeschichtlichen Bestrebungen und historischen Vereine im Rheinland
1955, 32 Seiten, kartoniert, DM 1,60

HEFT 32
Prof. Dr. Fritz Schalk, Köln
Somnium und verwandte Wörter in den romanischen Sprachen
1955, 48 Seiten, 3 Abb., kartoniert, DM 2,50

HEFT 33
Prof. Dr. Friedrich Dessauer, Frankfurt a. M.
Erbe und Zukunft des Abendlandes
1956, 32 Seiten, kartoniert, DM 1,80

HEFT 34
Prof. Dr. Thomas Ohm, Münster
Ruhe und Frömmigkeit
1955, 128 Seiten, 30 Abb., kartoniert, DM 8,—

HEFT 35
Prof. Dr. Hermann Conrad, Bonn
Die mittelalterliche Besiedlung des deutschen Ostens und das Deutsche Recht
1955, 40 Seiten, kartoniert, DM 2,—

HEFT 36
Prof. Dr. Hans Sckommodau, Köln
Die religiösen Dichtungen Margaretes von Navarra
1955, 172 Seiten, kartoniert, DM 7,20

HEFT 37
Prof. Dr. Herbert von Einem, Bonn
Der Mainzer Kopf mit der Binde
1955, 88 Seiten, 40 Abb., kartoniert, DM 6,—

HEFT 38
Prof. Dr. Joseph Höffner, Münster
Statik und Dynamik in der scholastischen Wirtschaftsethik
1955, 48 Seiten, kartoniert, DM 2,20

HEFT 39
Prof. Dr. Fritz Schalk, Köln
Diderots Essai über Claudius und Nero
1956, 40 Seiten, kartoniert, DM 2,25

HEFT 40
Prof. Dr. Gerhard Kegel, Köln
Probleme des internationalen Enteignungs- und Währungsrechts
in Vorbereitung

HEFT 41
Prof. Dr. Johann Leo Weisgerber, Bonn
Die Grenzen der Schrift — Der Kern der Rechtschreibreform
1955, 72 Seiten, kartoniert, DM 3,25

HEFT 42
Prof. Dr. Richard Alewyn, Köln
Von der Empfindsamkeit zur Romantik
in Vorbereitung

HEFT 43
Prof. Dr. Theodor Schieder, Köln
Die Probleme des Rapallo-Vertrages
1956, 108 Seiten, kartoniert, DM 4,80

HEFT 44

Prof. Dr. Andreas Rumpf, Köln
Stilphasen der spätantiken Kunst *in Vorbereitung*

HEFT 45

Dr. Ulrich Luck, Münster
Kerygma und Tradition in der Hermeneutik Adolf Schlatters
1955, 136 Seiten, kartoniert, DM 6,15

HEFT 46

Prof. Dr. Walther Holtzmann, Rom
Das Deutsche Historische Institut in Rom
Prof. Dr. Graf Wolff Metternich, Rom
Die Bibliotheca Hertziana und der Palazzo Zuccari
1955, 68 Seiten, 7 Abb., kartoniert, DM 3,50

JAHRESFEIER 1955

Prof. Dr. Josef Pieper, Münster
Über den Philosophie-Begriff Platons
Prof. Dr. Walter Weizel, Bonn
Die Mathematik und die physikalische Realität
1955, 62 Seiten, kartoniert, DM 2,90

HEFT 47

Prof. Dr. Harry Westermann, Münster
Person und Persönlichkeit im Zivilrecht
in Vorbereitung

HEFT 48

Prof. Dr. Johann Leo Weisgerber, Bonn
Die Namen der Ubier *in Vorbereitung*

HEFT 49

Prof. Dr. Friedrich Karl Schumann, Münster
Mythos und Technik *in Vorbereitung*

HEFT 50

Prof. D. Karl Heinrich Rengstorf, Münster
Die Anfänge des Diakonats *in Vorbereitung*

HEFT 51

Prälat Prof. Dr. Dr. h. c. Georg Schreiber, Münster
Der Bergbau in Geschichte, Ethos und Sakralkultur
in Vorbereitung

HEFT 52

Prof. Dr Hans J. Wolff, Münster
Die Rechtsgestalt der Universität

HEFT 53

Prof. Dr. Heinrich Vogt, Bonn
Schadenersatzprobleme im Verhältnis von Haftungsgrund und Schaden *in Vorbereitung*

HEFT 54

Prof. Dr. Max Braubach, Bonn
Der Einmarsch der deutschen Truppen in die entmilitarisierte Zone am Rhein im März 1936. Ein Beitrag zur Vorgeschichte des zweiten Weltkrieges
1956, 48 Seiten, kartoniert, DM 2,40

HEFT 55

Prof. Dr. Herbert von Einem, Bonn
Die Menschwerdung Christi des Isenheimer Altars
in Vorbereitung

HEFT 56

Prof. Dr. E. J. Cohn, London
Der englische Gerichtstag
1956, 88 Seiten, kartoniert

HEFT 57

Dr. Albert Woopen, Aachen
Die Zivilehe und der Grundsatz der Unauflöslichkeit der Ehe in der Entwicklung des italienischen Zivilrechts
1956, 88 Seiten, kartoniert, DM 4,—

HEFT 58

Prof. Dr. Karl Kerényi, Ascona
Die Herkunft der Dionysos-Religion nach dem heutigen Stand der Forschung
1956, 32 Seiten, kartoniert, DM 1,75

HEFT 59

Prof. Dr. Herbert Jankuhn, Kiel
Haithabu und der abendländische Handel nach Nordeuropa im frühen Mittelalter
in Vorbereitung

HEFT 60

Dr. Stephan Skalweit, Bonn
Edmund Burke und Frankreich
1956, 84 Seiten, kartoniert, DM 4,15

HEFT 61

Prof. Dr. Ulrich Scheuner, Bonn
Die Neutralität im heutigen Völkerrecht
in Vorbereitung

HEFT 62

Prof. Dr. Anton Moortgat, Berlin
Archäologische Forschungen der Max-Freiherr-von-Oppenheim-Stiftung im nördlichen Mesopotamien
in Vorbereitung

HEFT 63

Prof. Dr. Joachim Ritter, Münster
Hegels Auseinandersetzung mit der französischen Revolution
in Vorbereitung

HEFT 64

Prof. Dr. Hermann Conrad, Bonn
Die Konstitutionen von Melfi
in Vorbereitung

HEFT 65

Prälat Prof. Dr. Dr. h. c. Georg Schreiber, Münster
Der Islam und das christliche Abendland
in Vorbereitung

GPSR Compliance

The European Union's (EU) General Product Safety Regulation (GPSR) is a set of rules that requires consumer products to be safe and our obligations to ensure this.

If you have any concerns about our products, you can contact us on ProductSafety@springernature.com

In case Publisher is established outside the EU, the EU authorized representative is:

Springer Nature Customer Service Center GmbH
Europaplatz 3
69115 Heidelberg, Germany

Batch number: 10809636

Printed by Printforce, the Netherlands